초판 1쇄 인쇄 2022년 5월 20일
초판 1쇄 발행 2022년 5월 30일

지은이 오지은
그린이 이은주
펴낸곳 대림출판미디어
펴낸이 유영일
마케팅 신진섭
등록 제2021-000005호
주소 서울시 영등포구 대림로34다길 16, 다청림 101호 301호
전화 02-843-9465
팩스 02-6455-9495
E-mail yyi73@naver.com
bolg blog.daum.net/dae9495

ISBN 979-11-951831-2-8 74900
　　　979-11-97508-00-4 (세트)

※ 값은 뒤표지에 있습니다.
※ 잘못된 책은 바꾸어 드립니다.

단위로 만나는 세상

모두의 단위

오지은 글 | 이은주 그림

대림아이

작가의 말

길고 짧은 건
대 봐야만 알 수 있을까?

 어린이 여러분, 혹시 "키가 몇이니?" 혹은 "몸무게가 몇이야?"라는 말을 들어 본 적이 있나요? 그때 여러분은 어떻게 대답했나요? "내 키는 100센티미터야." 혹은 "25킬로그램이야." 같은 식으로 대답했을 거예요. 여기서 센티미터, 킬로그램 등을 '단위'라고 해요. 이처럼 여러분은 이미 일상생활 속에서 단위를 자연스럽게 사용하고 있어요.

 그렇다면 단위가 없었던 아주 오랜 옛날에는 어떻게 자신의 키를 말했을까요? "나는 키가 좀 큰 편이야." 혹은 "나는 키가 많이 작아." 같은 식으로 이야기했을 거예요. 하지만 '좀', '많이'라는 말로는 키가 어느 정도인지 정확하게 알 수 없어요.

 이처럼 단위가 없다면 물건의 길이나 물건의 무게, 거리의 멀고 짧음을 정확하게 나타내기 어려워요. 그래서 하나의 기준을 뜻하

는 단위가 생기게 되었어요.

   그렇다면 우리 주변에는 어떤 단위가 있을까요? 길이, 들이, 무게, 넓이, 소리, 전기 등을 재는 다양한 단위가 있어요. 여러분이 초등학교를 다니는 동안 배우는 모든 단위들이 이 책에 담겨 있어요. 이 책을 다 읽을 때쯤이면 여러분은 아마 단위 박사가 되어 있겠죠? 생활 속에서 만나는 다양한 상황을 통해 단위가 무엇인지 쉽고 재미있게 함께 알아봐요.

오지은

차례

작가의 말 길고 짧은 건 대 봐야만 알 수 있을까?　4

1장 단위가 생겨난 이야기

생활 속에서 단위는 왜 필요할까요?　10

옛날에는 어떻게 측정했을까요?　15

공통으로 사용하는 단위가 등장했어요　20

2장 교과서에 나오는 기본 단위

길이의 단위　26　　부피의 단위　83
시간의 단위　36　　온도의 단위　91
들이의 단위　52　　소리의 단위　97
무게의 단위　58　　전기의 단위　103
각도의 단위　65　　속도의 단위　108
넓이의 단위　73

3장 실생활에서 배우는 단위

집에서 어떤 단위를 사용할까?　118
학교에서 어떤 단위를 사용할까?　122
병원에서 어떤 단위를 사용할까?　126
마트에서 어떤 단위를 사용할까?　130
공원에서 어떤 단위를 사용할까?　133
실생활에서 어떤 단위를 사용할까?　137

단위 마인드맵　140

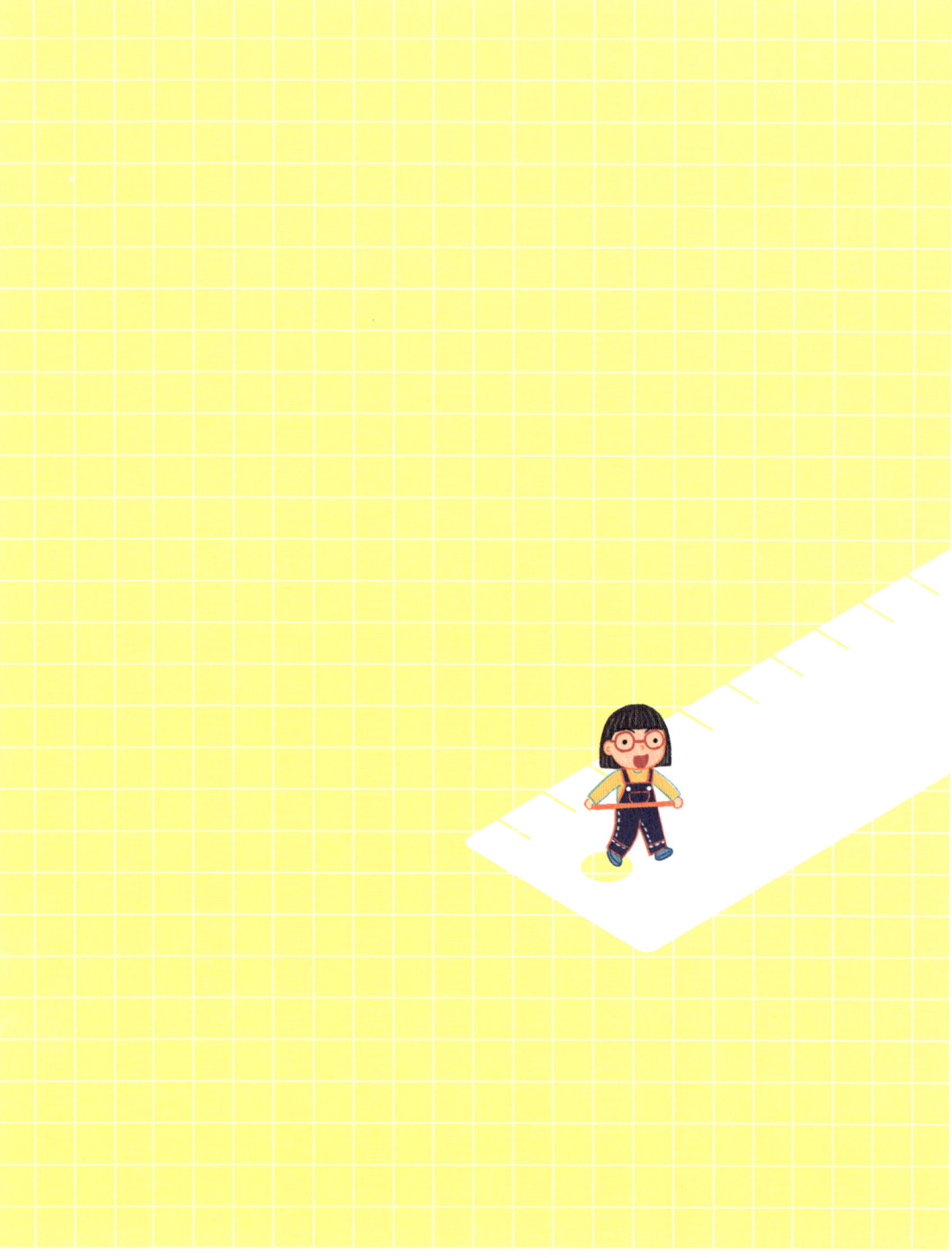

1장

단위가 생겨난 이야기

생활 속에서 단위는 왜 필요할까요?

여러분, 필통 속에 있는 연필을 꺼내 볼까요? 여러 가지 연필 중에서 가장 긴 것은 무엇이고, 가장 짧은 것은 무엇인가요? 한눈에 알 수 있는 친구들도 있겠지만, 맞대어 보아야 아는 친구들도 있을 거예요. 아래에 있는 그림을 보고 어떤 연필이 더 긴지 눈으로만 보고 맞혀 보세요.

어떤 연필이 더 긴 것 같은가요? 눈으로만 보고는 어떤 연필이 더 긴지 대답하기 어려울 거예요. 그렇다면 이번에는 주변에 있는 도구를 활용해서 어느 연필이 더 긴지 확인해 보세요.

(방법1) **나무젓가락 한 짝으로 비교해 봐요.**

집에 나무젓가락이 있나요? 나무젓가락으로 간단히 길이를 측정해 봐요. 먼저 노란색 연필 길이만큼 나무젓가락에 눈금 표시를 해 보세요. 다음으로 그 나무젓가락을 파란색 연필에 대 보세요. 파란색 연필이 눈금에 못 미치면 노란색 연필이 더 긴 것이겠죠? 반대로 파란색 연필이 눈금보다 길다면 파란색 연필이 더 긴 연필일 거예요.

(방법2) **손톱을 사용하여 비교해 봐요.**

이번에는 여러분의 새끼손톱을 이용해서 길이를 비교해 봐요. 여러분의 새끼손톱이 각 연필에 몇 번씩 들어가는지 세어 보도록 해요. 노란색 연필과 파란색 연필 중에서 어느 연필에 손톱이 더 많이 들어가나요? 당연히 새끼손톱이 더 많이 들어간 노란색 연필이 길겠죠?

이제는 어떤 연필이 더 긴지 확실하게 알게 되었나요? 맞아요. 노란색 연필이 더 길어요.

그렇다면 여러분이 친구들에게 다음과 같은 질문을 받았다면 어떻게 대답할 건가요?

"노란색 연필이 파란색 연필보다 얼마만큼 더 길어?"

여러분은 아마도 이렇게 대답할 거예요.

"조금 더 길어."

"새끼손톱 하나만큼 길어."

하지만 '조금'이 어느 정도인지 사람마다 느끼는 정도가 달라요. 그리고 같은 새끼손톱이어도 어른들의 새끼손톱과 아이들의 새끼손톱의 길이는 달라요.

이렇게 '조금 더 길다.' 또는 '새끼손톱 하나만큼 더 길다.'라는

표현만 듣고는 연필이 정확하게 얼마만큼 더 긴지는 알기 어려워요. 그래서 두 물건을 정확하게 비교하기 위해서는 명확한 기준인 '단위'가 필요해요. 언제 어디에서나 똑같은 값을 나타내 주는 기준 말이에요.

그렇다면 '단위'란 무엇일까요? 여기에서 단위는 센티미터(cm)나 킬로그램(kg)처럼 길이나 무게 등 어떠한 양을 나타낼 때 쓰는 하나의 기준이에요. 그래서 길이를 비교할 때 '조금'이나 '새끼손톱 하나'라는 표현 대신에 '센티미터(cm)' 같은 표준 단위를 사용하면 정확하게 비교할 수 있어요.

이렇게 단위는 길이나 무게를 비교할 때뿐만 아니라 길이나 무게를 잴 때에도 꼭 필요해요. 예를 들어 친구가 여러분에게 "이 상자의 무게가 어떻게 되니?"라고 물었다고 생각해 봐요. 이때 "상자의 무게는 30이야."라고 한다면, 30그램인지 30킬로그램인지 알기 어려울 거예요. 이처럼 어떠한 양을 나타낼 때 수만으로는 정확히 나타낼 수 없어요. 그래서 수와 함께 단위를 써서 길이나 무게를 정확하게 나타낼 수 있어요.

그렇다면 단위가 있으면 어떤 점이 좋을까요? 우리는 단위를 활용하여 여러 가지 물건을 쉽게 비교할 수 있어요. 예를 들어 우리 집에 있는 TV와 친구 집에 있는 TV의 크기를 비교한다고 생각해 보세요. 우리 집에 있는 무거운 TV를 들고 친구 집에 가서 직접 비교를 해야 할까요? 그렇지 않아요. 우리는 단위를 사용하기 때문에 움직이지 않아도 자를 활용해 각 TV의 크기를 잴 수 있어요. 그리고 각각 몇 센티미터인지 이야기를 나누면 TV의 크기를 쉽게 비교할 수 있어요. 이렇게 단위를 활용하면 비교하려고 하는 물건이 어디에 있든지 쉽게 비교할 수 있어요.

　이뿐만 아니라 단위가 있으면 전 세계 여러 나라에 있는 다양한 친구들과 편하게 이야기할 수 있어요. 예를 들어 내일의 날씨에 대해 이야기를 나눈다고 생각해 보세요. 만약 단위가 없다면 내일의 날씨가 추운지 더운지 정확하게 표현하기 어려울 거예요. 우리나라에서는 덥다고 느낀 날씨가, 아프리카의 더운 나라에서는 춥다고 느낄 수 있기 때문이에요. 하지만 온도를 나타내는 '도(℃)'라는 단위를 활용하면 날씨가 어느 정도 춥고 더운지 정확하게 표현할 수 있어요.

옛날에는 어떻게 측정했을까요?

여러분은 키를 어떻게 재나요? 병원에서 기구를 활용해서 재는 친구들도 있을 것이고, 자를 활용해서 키를 재는 친구들도 있을 거예요. 그런데 만약 키 재는 기구도 없고, 자도 없다면 키를 어떻게 잴 수 있을까요?

아주 오랜 옛날에는 오늘날 사용하는 자와 같은 도구가 없었기 때문에 몸의 일부를 단위로 삼아 길이를 쟀어요. 바로 사람의 손과 발을 이용한 것이지요. 엄지손가락을 지지로 삼고 다른 손가락을 쫙 벌려 보세요. 이때 엄지손가락 끝과 가운뎃손가락 끝의 간격을 한 뼘이라고 해요. 한 뼘, 두 뼘, 이렇게 뼘으로 길이가 어느 정도인지 어림을 했어요. 참고로 뼘의 길이는 사람마다 다르지만 어른의 경우 약 15~20센티미터이고, 지금도 길이를 어림

하거나 비교할 때 사용하곤 해요.

　이렇게 우리나라에서는 뼘을 활용하여 길이를 쟀어요. 그렇다면 다른 나라에서는 길이를 어떻게 쟀을까요? 각 나라의 언어가 다양하듯 나라마다 사용하는 단위가 달랐어요. 옛날 각 나라에서는 신체를 이용하여 어떤 단위를 사용하였을까요?

고대 이집트-큐빗(cubit)

고대 이집트에서는 큐빗이라는 단위를 사용했어요. 1큐빗은 약 45센티미터로 팔꿈치부터 가운뎃손가락 끝까지의 길이를 말해요. 고대 이집트의 왕의 무덤인 피라미드를 만들 때에도 이 단위를 사용하였어요.

그런데 사람마다 팔꿈치에서 가운뎃손가락까지의 길이가 다른데, 어떻게 이 단위를 사용하여 피라미드를 만들 수 있었을까요? 바로 파라오와 같은 왕의 몸을 기준으로 1큐빗을 정했다고 해요. 그래서 왕이 바뀔 때마다 큐빗의 길이는 조금씩 달랐답니다. 피라미드와 같은 큰 건축물을 사람의 몸을 단위로 하여 만들었다는 사실이 정말 놀랍지 않나요?

영국-인치(inch)

영국에서 길이를 잴 때 사용하였던 단위는 인치예요. 부모님과 함께 옷가게에 갔던 경험을 떠올려 봐요. 어른들의 바지를 살 때 허리둘레를 28인치, 30인치라고 부르는 말을 들어 봤죠? 혹은 TV의 크기를 40인치, 60인치라고 하는 것을 들어 봤나요?

여기서 말하는 인치는 어른 엄지손가락의 너비를 뜻하는 것인데, 이는 엄지손가락 끝에서 첫 번째 관절까지의 길이와도 같아요. 1인치는 약 2.5센티미터예요.

영국-피트(feet)

영국에서는 손가락뿐만 아니라 발을 이용해서도 단위를 만들었어요. 혹시 여러분의 신발 사이즈를 알고 있나요? 옛날 영국에서는 성인 남자의 신발 사이즈, 즉 발의 길이를 단위로 사용했어요. 바로 피트이지요. 피트는 발뒤꿈치에서 엄지발가락 끝까지의 길이예요. 1피트는 약 30센티미터예요.

영국-야드(yard)

야드 역시 사람의 몸이 기준이 되는 단위예요. 팔을 옆으로 벌려 보세요. 이때 코끝에서 손끝까지의 길이를 단위의 기준으로 삼았어요. 이 길

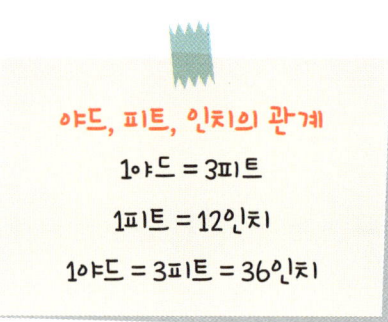

야드, 피트, 인치의 관계
1야드 = 3피트
1피트 = 12인치
1야드 = 3피트 = 36인치

이는 사람마다 다르지만 영국의 왕의 몸을 기준으로 하였답니다. 오늘날은 1야드를 약 91센티미터라고 정하고 있어요. 골프 경기에서도 야드를 거리 단위로 사용한답니다.

중국-척(尺), 촌(寸)

중국에서도 사람의 몸을 기준으로 단위를 만들었어요. 그중에서도 길이는 손가락과 손을 이용하여 쟀답니다.

척은 우리나라의 뼘과 같이 손을 폈을 때 엄지손가락 끝에서 가운뎃손가락 끝까지의 길이를 말해요.

촌은 영국의 인치와 같이 어른 엄지손가락 하나의 너비를 의미해요. 중국의 영향을 받았던 우리나라에서는 중국의 척을 '자'라고 하였고, 촌을 '치'라고 하였지요. 오늘날에도 우리나라에서는 장롱 크기를 '자'를 이용해서 표현하고 있답니다. 10자, 12자와 같이 말이에요.

공통으로 사용하는 단위가 등장했어요

　우리는 길이를 나타낼 때 흔히 센티미터나 미터를 사용해요. 하지만 옛날에는 큐빗, 인치, 피트, 야드, 척, 촌 등 나라마다 길이를 재는 단위가 달랐어요. 이렇게 복잡하고 단위도 제각각이기 때문에 많은 불편함이 있었지요. 특히 물건을 사고팔 때 불편함이 많았어요.

　예를 들어 여러분이 5뼘만큼의 옷감을 산다고 생각해 보세요. 손이 작은 사람이 재는 5뼘과 손이 큰 사람이 재는 5뼘은 차이가 있겠죠? 이렇게 같은 물건이라도 길이를 재는 단위가 달라서 큰 문제가 있었어요.

　게다가 교통이 발달하고 나라 사이의 왕래가 활발해지자 나라마다 단위가 다르다는 사실은 큰 불편함으로 다가왔어요. 이에 어느 나라에서든지 공통으로 사용할 수 있는 단위가 필요하게 되었지요. 그래서 전 세계 누구나 쉽게 쓸 수 있는 국제 단위를 정하기로 했어요. 그렇게 해서 만들어진 최초의 국제 단위계가 바로 '미터법'이랍니다. 미터법은 미터와 킬로그램을 기본으로 하는 단위계예요.

미터법이 처음 생겨난 배경을 이야기하기 위해서는 옛날 프랑스에서 있었던 일을 살펴보아야 해요. 당시 프랑스는 귀족과 평민들의 생활 차이가 심했어요. 또 단위가 통일되어 있지 않아서 귀족들이 평민들에게 마음대로 많은 세금을 걷는 문제가 있었지요.

이에 1789년 프랑스 대혁명이 일어나게 되었어요. 프랑스 시민들이 자유와 평등의 권리를 얻기 위해 혁명을 일으킨 것이지요. 이때 혁명 정부는 문제가 많았던 세금 제도를 고치기 위해 가장 먼저 '도량형'을 통일하기로 했어요. 여기서 도량형이란 길이나 무게 등의 단위를 재는 방법을 뜻해요. 이처럼 미터법은 프랑스 대혁명으로 만들어지게 된 것이라 할 수 있지요.

그렇다면 미터법은 어떤 것을 기준으로 만들어졌을까요? 전 세계 어느 나라에서든지 인정할 수 있는 기준이 필요했기 때문에 그 기준을 자연에서 찾으려 했어요. 그래서 지구 표면을 따라

남극과 북극을 연결하는 세로 둘레인 자오선을 기준으로 미터법이 결정되었어요. 지구의 세로 둘레를 4등분하고 그중 한 조각을 1,000만 조각 낸 것의 길이를 '미터(m)'라고 이름 붙였어요.

하지만 시간이 지나면서 지금까지는 몰랐던 사실을 발견하게 되었어요. 바로 지구의 크기가 조금씩 변하고 있다는 것이지요. 나중에 지구의 자오선 길이를 다시 재었는데, 미터법을 정하던 당시의 길이와 조금 차이가 있었답니다.

과학자들은 고민에 빠졌고 새로운 기준을 찾아 나섰어요. 그리고 계속되는 연구 끝에 마침내 변하지 않는 정확한 기준을 찾아냈어요. 바로 빛을 이용한 것이지요. 공기가 거의 없는 상태를 뜻하는 진공 상태에서의 빛의 속도를 기준으로 1미터를 정했어요.

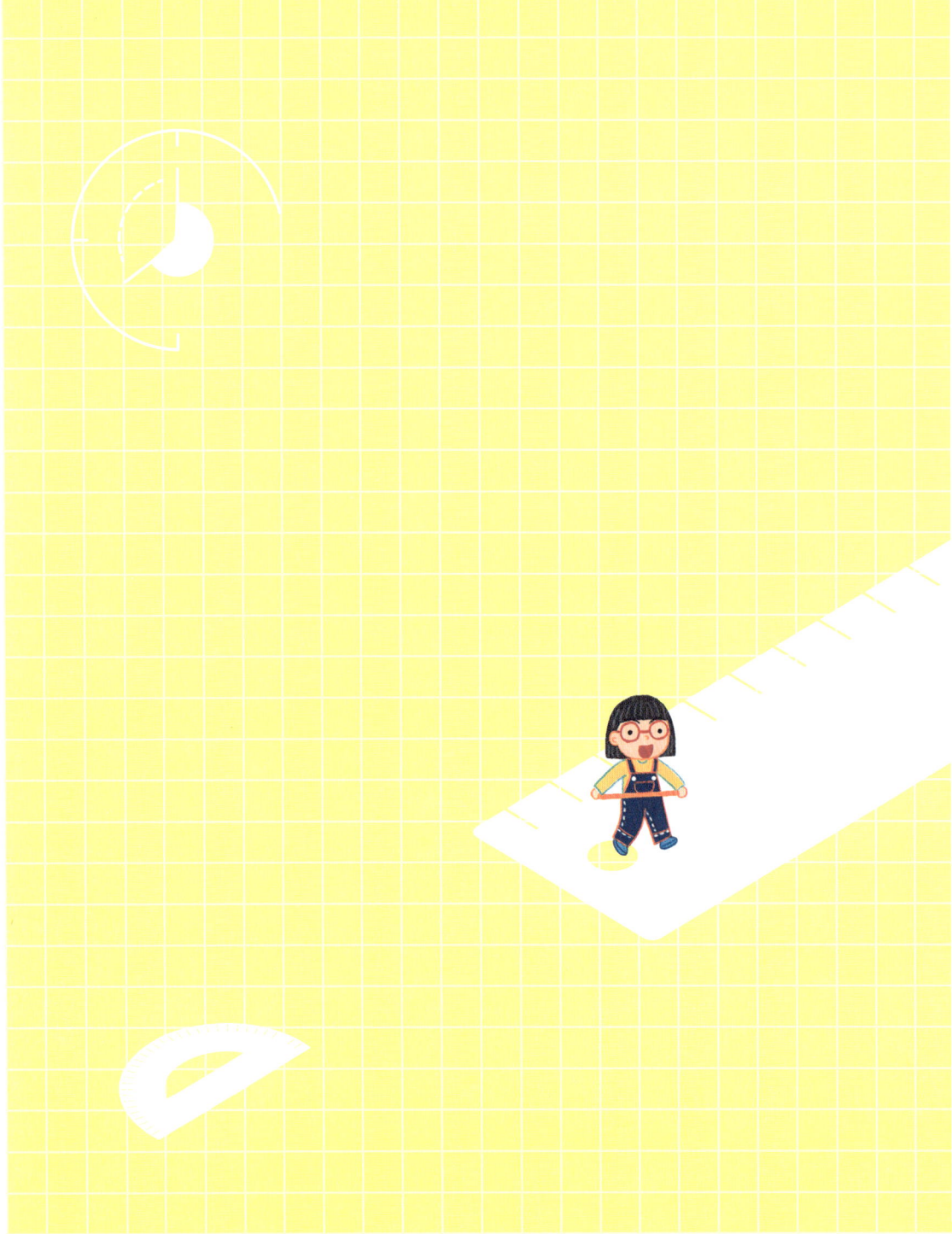

길이의 단위

길이란 한쪽 끝에서 다른 쪽 끝까지의 거리를 뜻해요. 일상생활 속에서는 언제 길이를 잴까요? 사람의 키를 재는 것뿐만 아니라 집에서 학교까지의 거리나 책의 두께를 재는 것 모두 길이를 재는 것이라고 할 수 있지요.

그렇다면 길이의 단위에는 어떠한 것들이 있을까요? 그리고 어떤 도구를 활용하여 길이를 잴 수 있을까요? 길이의 단위에 대해 함께 알아봐요.

길이의 단위는 왜 만들어졌을까요?

다음 페이지에 크레파스와 연필이 있어요. 딱 봐도 연필이 크레파스보다 길어 보일 거예요. 여러분은 다음과 같은 질문을 받는다면 어떻게 대답할 건가요?

"연필과 크레파스의 길이는 어떤 차이가 있나요?"

여러분은 아마 이렇게 대답할 거예요.

"연필은 크레파스보다 길어요."

"크레파스는 연필보다 짧아요."

이렇게 우리는 눈으로 직접 보고 길이를 바로 비교할 수 있어요. 그런데 길이 비교를 하기 어려울 때도 있어요. 길이 차이가 거의 나지 않는 두 물건을 비교하거나 멀리 떨어져 있는 두 물건의 길이를 비교할 때이지요.

표준 단위가 없던 옛날에도 사람들은 이러한 고민을 했어요. 그리고 생각해 냈지요. 바로 몸을 사용하여 길이를 비교하는 방법을 말이에요. 옛날 사람들은 엄지손가락과 가운뎃손가락을 좍 벌린 상태에서 둘 사이의 거리를 '뼘'이라고 했어요. 그리고 뼘이 몇 번 들어가는지 세어서 길이를 비교했어요.

　이렇게 신체를 활용한 뼘과 같은 단위로 길이를 비교했어요. 하지만 사람마다 몸의 길이는 제각각이기 때문에 신체를 이용하여 길이를 재는 것은 정확하지 않았어요. 그래서 언제 어디에서든지 변하지 않는 정확한 기준인 표준 단위가 등장했지요.

표준 단위 미터(m)가 등장했어요

1789년 프랑스에서는 왕이 백성들을 제대로 돌보지 않았어요. 그래서 시민들은 자유와 평등을 외치며 혁명을 일으켰어요. 나라의 잘못된 점을 바로잡고 새로운 나라를 꿈꾼 것이지요.

프랑스 혁명이 일어나면서 왕은 물러나고 새로운 정부가 세워졌어요. 새롭게 들어선 정부에서는 여러 가지 변화를 시도했는데, 사람들의 불편함을 없애기 위해 길이의 단위를 통일하는 것도 그중 하나였지요.

그렇게 해서 만들어진 것이 바로 미터(m)예요. 미터는 길이의 기본 단위인데, 지구의 북극에서 적도까지의 거리의 1,000만 분의 1을 기준으로 삼았어요.

길이의 단위끼리 어떤 관계가 있을까요?

언제 어디에서든지 측정 가능한 미터(m)가 생기면서 사람들은 더 편리하게 여러 가지 길이를 잴 수 있게 되었어요. 하지만 1미터도 마냥 좋기만 한 것은 아니었어요. 생선처럼 1미터보다 작은 물건을 재기에는 어려움이 있었거든요. 혹은 집에서 뒷산까지의 거리를 재기에도 1미터는 너무 작았어요. 그래서 사람들은 1미터보다 작거나 큰 것을 어떻게 잴 수 있을지 열심히 고민을 했어요.

그 결과 1미터보다 작은 것을 재기 위해 1미터를 여러 번 쪼개어 단위를 만들기로 했어요. 1미터를 100조각 낸 것 중의 1조각을 1센티미터(cm)라고 이름을 붙였어요. 그리고 1미터를 1,000조각 낸 것 중의 1조각을 1밀리미터(mm)라고 정했어요.

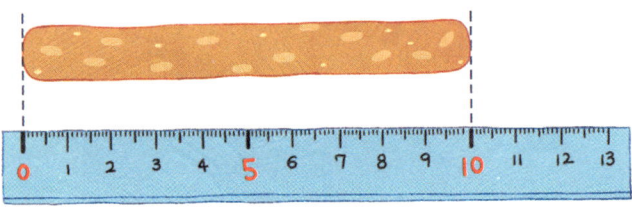

반대로 1미터보다 큰 것을 재기 위해서는 1미터를 여러 번 붙여서 단위를 만들었어요. 1미터 1,000개를 이어 붙인 것을 1킬로미터(km)라고 정했지요.

이렇게 미터(m)를 기준으로 여러 단위가 생겼어요.

길이의 표준 단위
1km = 1,000m
1m = 100cm
1cm = 10mm

길이를 측정해요

센티미터(cm)

'1cm'는 '1센티미터'라고 읽어요. 여러분이 일반적으로 가진 자의 큰 눈금 한 칸이 1센티미터예요.

아래의 연필의 길이는 몇 센티미터일까요? 자의 큰 눈금이 여덟 칸이므로 '8cm'라고 쓰고 '8센티미터'라고 읽어요.

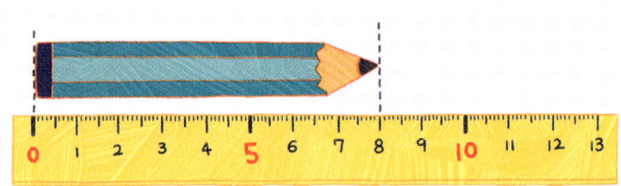

자를 이용하여 길이를 재는 방법

1. 한쪽 끝을 자의 눈금 0에 맞추어요.
2. 다른 쪽 끝에 있는 자의 눈금을 읽어요.

밀리미터(mm)

'1mm'는 '1밀리미터'라고 읽어요. 1밀리미터는 1센티미터를 열 칸으로 똑같이 나눈 작은 눈금 한 칸의 길이예요.

다음 쌀 한 톨은 몇 밀리미터일까요?

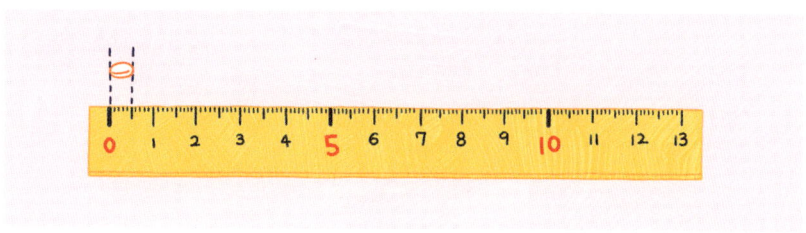

자의 작은 눈금이 다섯 칸이므로 '5mm'라고 쓰고 '5밀리미터'라고 읽어요.

미터(m)

'1m'는 '1미터'라고 읽어요. 1미터는 1센티미터를 100번 이어 붙인 길이예요. 100센티미터가 곧 1미터이지요. 여러분의 키가 120센티미터라면 1미터보다 20센티미터가 더 큰 것이에요. 그래서 120cm는 '1m20cm'라고도 쓰고, '1미터 20센티미터'라고 읽어요.

킬로미터(km)

'1km'는 '1킬로미터'라고 읽어요. 1킬로미터는 1미터를 1,000

번 이어 붙인 길이예요. 1,000미터가 곧 1킬로미터이지요. 서울에서 부산까지의 거리는 약 400킬로미터예요. 400킬로미터는 미터로 바꾸면 400,000미터예요. 40만 미터이지요. 이렇게 긴 거리는 미터를 이용하여 나타내면 수가 너무 커서 읽기 힘들고 불편하기 때문에 킬로미터(km)를 사용하여 단순하게 나타내요.

약 ○mm/cm/m/km

자로 잰 길이가 눈금과 일치하지 않거나 자 없이 길이를 어림하는 경우에는 모두 '약'이라고 표현해요. 아래 연필의 길이를 '약'을 이용해 읽으면 '약 7센티미터'예요.

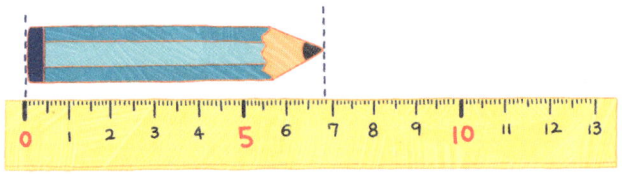

길이 감각을 느껴요

퀴즈1 여러분의 손가락은 몇 센티미터인지 재어 봐요.

퀴즈2 100원짜리 동전은 몇 센티미터 몇 밀리미터인지 재어 봐요.

퀴즈3 여러분의 키는 몇 미터 몇 센티미터인지 재어 봐요.

시간의 단위

　오늘은 몇 월 며칠인가요? 그리고 여러분은 학교에 몇 시까지 등교하고 몇 시간 동안 수업을 듣나요? 이렇게 여러분의 일상생활과 시간은 떼려야 뗄 수 없는 관계랍니다.

　시간이란 어떤 시각에서 어떤 시각까지의 사이를 뜻해요. 시간과 시각이 조금 헷갈린다고요?

　쉽게 말해서 여러분이 학교에 도착하는 때는 '시각'이고, 학교에 있는 동안은 '시간'이라고 표현합니다. 즉, 시각은 특정한 때를 뜻하고, 시간은 시각과 시각 사이라고 생각하면 될 거예요.

　하지만 일상생활에서는 '시각'과 '시간'을 명확하게 구분해서 사용하지 않고 있어요. 시간이라는 단어가 이미 시각의 의미까지 포함해서 쓰이고 있기 때문이지요. 예를 들어 해 뜨는 때를

'일출 시각' 또는 '일출 시간'으로 표현하는 것처럼 말이지요.

그렇다면 시간의 단위에는 어떠한 것들이 있을까요? 그리고 어떤 도구로 시간을 측정할 수 있을까요? 시간을 나타내는 다양한 단위에 대해 함께 알아봐요.

시간의 단위에는 무엇이 있을까요?

1년

여러분은 몇 살인가요? 한 해가 지나갈 때마다 나이가 한 살씩 늘어나지요? 이렇게 2학년에서 3학년이 되거나 아홉 살에서 열 살이 되었을 때, 우리는 그 기간을 1년이라고 합니다.

1년은 12개월이에요. 시작하는 달이 언제인지 상관없이 열두 달을 지나는 시간의 양을 뜻해요. 예를 들어 1월부터 12월까지, 혹은 올해 3월에서 내년 2월까지를 1년이라고 표현해요.

보다 과학적으로 말해 볼까요? 1년은 지구가 태양의 둘레를 한 바퀴 공전하는 데 걸리는 시간이에요. 지구는 마치 회전목마처럼 매일매일 조금씩 태양 주위를 돌고 있어요. 이때 태양을 중심으로 한 바퀴를 돌아서 제자리로 돌아왔을 때까지 걸리는 시간을 1년이라고 해요. 봄에서 시작해서 여름, 가을, 겨울을 다 보

내고 다시 봄이 왔을 때를 말하지요.

1개월

여러분은 밤하늘에 떠 있는 동그란 보름달을 본 적이 있나요? 보름달이 뜨고 시간이 흘러 다시 보름달이 떴을 때, 우리는 한 달이 지났다고 해요. 즉, 한 달은 달이 지구를 한 바퀴 도는 데 걸리는 시간이에요. 달은 지구를 돌면서 위치에 따라 모양이 변해요. 그래서 밤하늘을 볼 때 동그란 보름달, 반달, 손톱처럼 생긴 초승달 등 여러 가지 달을 본 적이 있을 거예요.

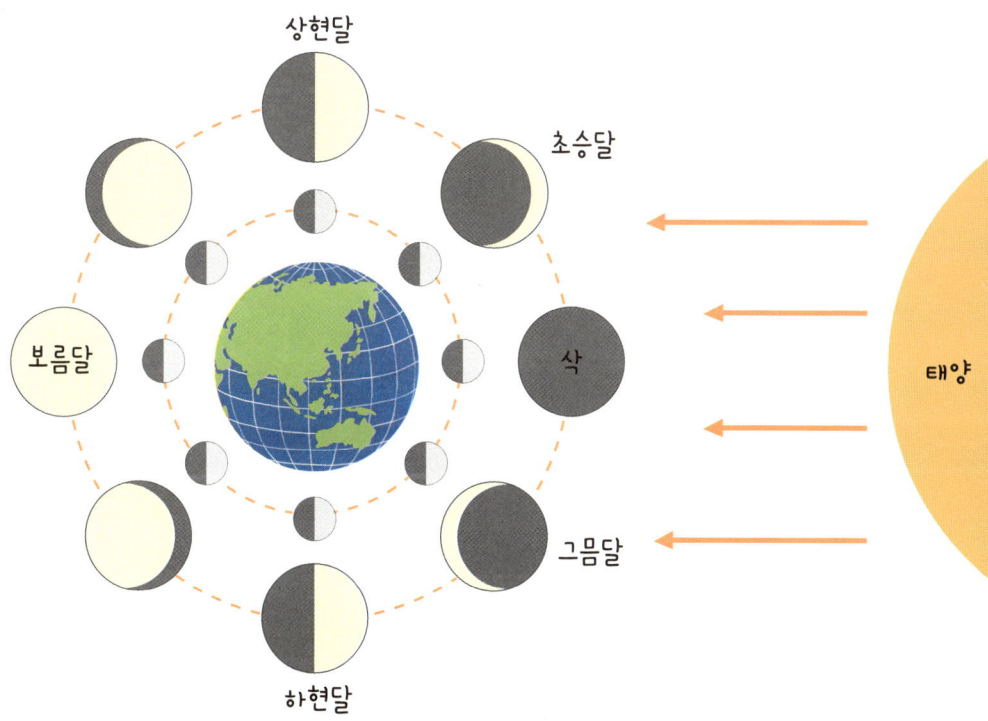

1월부터 12월 중 어떤 달은 30일이고, 어떤 달은 31일, 어떤 달은 28일이에요.

31일인 달	1월, 3월, 5월, 7월, 8월, 10월, 12월
30일인 달	4월, 6월, 9월, 11월
28일 또는 29일인 달	2월

1주

달력을 보면 각 달마다 요일과 날짜가 있어요. 이때 일주일은 7일이에요. 월요일부터 일요일까지의 7일을 일주일이라고도 하고, 수요일부터 그다음 주 화요일까지도 일주일이라고 해요. 일주일은 요일의 순서와 상관없이 7일이라는 시간의 양을 뜻해요.

1일

아침에 일어나고 점심이 되고 저녁이 되어 다음 날 아침이 되기까지, 24시간이 지났을 때 하루가 지났다고 표현해요. 1일은 지구가 스스로 한 바퀴 도는 데 걸리는 시간을 뜻해요. 아침과 점심, 저녁일 때 태양의 위치를 본 적이 있나요? 우리가 볼 때에는 해가 동쪽에서 떠서 서쪽으로 지는 것처럼 보이지만 실제로는 태양은 가만히 있고 지구가 스스로 한 바퀴를 도는 것이에요.

그래서 지구가 한 바퀴 돌면서 태양을 향하는 쪽은 낮이 되었다가 다시 태양의 반대쪽으로 오면 밤이 되어요. 우리나라가 낮일 때 반대쪽에 있는 나라인 미국, 브라질 등의 나라는 밤이 되는 것이지요.

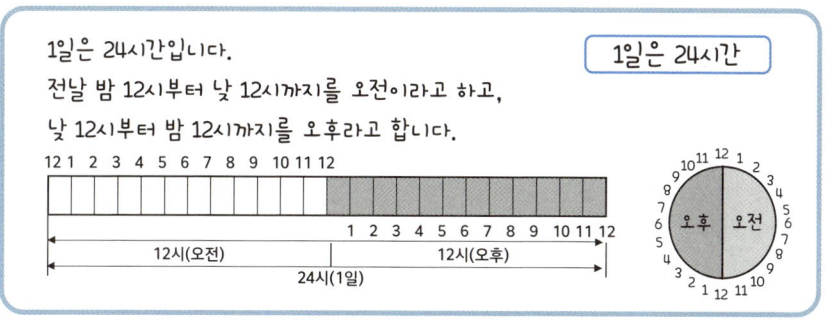

지금까지 배운 1년, 1개월, 1주, 1일의 단위를 비교하면 다음과 같아요.

1년 = 12개월 = 52주 = 365일

2월은 왜 28일이었다가 29일이었다가 할까요?

그 이유를 알기 위해서는 고대 로마 시대로 거슬러 올라가야 해요. 고대 로마 시대에는 1년을 355일로 정했어요. 하지만 355일로 정한 1년은 큰 문제가 있었어요. 실제 계절과 달력이 맞지 않아 농사에 큰 어려움을 겪은 것이지요.

사람들의 불편함이 계속해서 커지자 로마의 왕 율리우스 카이사르는 달력을 바꿔야겠다고 생각했어요. 꼼꼼히 계산해 보니 태양을 기준으로 공전하는 1년의 길이가 365.25일이었어요. 그래서 365일보다 긴 시간들을 모아서 4년마다 한 번씩 하루를 추가하기로 했어요. 즉, 4년마다 한 번씩 2월 29일을 둔 것이지요. 이렇게 2월이 29일까지 있는 해를 '윤년'이라고 하고 2월 29일이 있는 달을 '윤달', 2월 29일을 '윤일'이라고 한답니다.

율리우스에 의해 만들어진 달력의 체계를 율리우스력이라 하는데, 율리우스력도 1,000년이 지난 16세기에 문제를 드러내기 시작했어요. 1년은 365.25일이 아니라, 365.2422일이라는 것을 알게 된 것이지요. 그 당시 율리우스력과 0.0078일, 약 11분 14초가 차이 났어요. 아주 작은 차이지만 그 차이가 모여서 큰 차이를 만들어 냈어요. 율리우스력을 따르다 보니 128년이 지날 때마다 하루가 늘어났고, 1,000년이 지난 16세기에는 약 10일의 차이가 생겼지요. 10일의 차이는 당시 유럽의 가장 중요한 기념일 중 하나인 부활절의 날짜를 정하는 데에 큰 문제가 됐어요. 율리우스력의 오차 때문에 1,000년이 지난 16세기의 부활절이 원래의 부활절과 10일 차이가 생긴 것이지요.

이 문제를 해결하기 위해 1582년 유럽에서는 열흘을 없앤 사건이 발생해요. 당시 교황이었던 그레고리우스 13세는 1582년 10월 4일 다음 날을 10월 15일로 정하여 열흘의 날을 사라지게 했어요. 그래서 부활절의 날짜를 맞춘 것이지요. 이후에는 윤년을 율리우스력보다 줄이기 위해 규칙을 정했어요. 그래서 율리우스력에서는 400년 동안 100회의 윤년을 둔 것과 달리 그레고리력은 97회의 윤년을 두었지요. 그레고리력은 현재 우리나라를 비롯하여 전 세계에서 표준으로 사용하는 방법이에요. 기존 율리우스력의 기본 체계를 따르되 윤년을 정하는 규칙을 달리한 것이지요.

그렇다면 우리나라는 언제부터 이 오차를 줄였을까요? 우리나라는 1895년 한 해를 11월에서 끝내게 했어요. 12월이 사라진 셈이지요. 이렇게 작은 차이를 줄이기 위해 달력은 계속해서 바뀌었어요. 달력에 담긴 역사, 흥미롭지 않나요?

시, 분, 초

우리가 밥을 먹을 때도, 잠을 잘 때도 쉼 없이 자기의 얼굴을 닦는 물건이 있어요. 바로 시계이지요. 시계를 오랫동안 보고 있으면 세 개의 바늘이 움직이는 것을 알 수 있어요. 어떤 바늘은 아주 급하게 움직이고 어떤 바늘은 거북처럼 느리게 움직여요. 어떤 바늘은 거의 안 움직이는 것 같지만 한참 지나고 보면 움직이고 있는 바늘이 있어요. 각 바늘은 무엇을 뜻할까요? 그리고 시계를 보면 1부터 12까지 여러 숫자가 있는데 이것은 무엇을 나타낼까요?

2시

긴바늘이 12를 가리킬 때는 짧은바늘이 가리키는 수를 넣어 '몇 시'라고 읽어요. 그림과 같을 때는 '2시'이고 '두 시'라고 읽어요.

1시 30분

긴바늘이 6을 가리킬 때 '30분'을 나타내요. 그림과 같을 때는 '1시 30분'이고 '한 시 삼십 분'이라고 읽어요. 이렇게 시각을 나타내거나 말할 때는 짧은바늘을 먼저 읽고 긴바늘은 나중에 읽어요. 그리고 짧은바늘이 숫자와 숫자 사이를 가리킬 때 지나온 숫자를 '시'로 읽으면 돼요.

몇 시 몇 분

시계의 짧은바늘은 '몇 시'를 나타내고 긴바늘은 '몇 분'을 나타내요. 그렇다면 다음의 시각을 읽어 보세요.

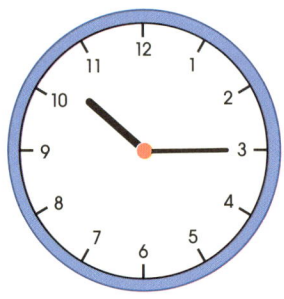

짧은바늘이 10과 11 사이에 있고, 긴바늘이 3에 있으니 10시 3분일까요? 그렇지 않아요. 일단 짧은바늘이 10과 11 사이에 있으니 지나온 숫자인 10시가 되는 것은 맞아요. 하지만 긴바늘이 3을 가리킬 때는 15분이라고 읽어요.

시계에서 긴바늘이 가리키는 숫자가 1이면 5분, 2이면 10분, 3이면 15분을 나타내요. 시계의 긴바늘이 가리키는 숫자가 1씩 커짐에 따라 나타내는 분도 5분씩 커져요. 긴바늘이 한 바퀴를 돌아 12에 있을 때는 '몇 시 60분'으로 읽지 않고 '몇 시'라고 읽어요.

긴바늘이 가리키는 숫자	1	2	3	4	5	6	7	8	9	10	11	12
몇 분	5분	10분	15분	20분	25분	30분	35분	40분	45분	50분	55분	60분

아래 시계를 읽어 보세요

그렇다면 다음과 같은 시각은 어떻게 읽을까요?

시계에는 숫자가 쓰여 있는 큰 눈금도 있지만 큰 눈금들 사이에 작은 눈금들도 있어요. 이렇게 긴바늘이 가리키는 작은 눈금 한 칸은 1분을 나타내

요. 그래서 옆의 그림의 시계가 나타내는 시각은 9시 13분이죠. 정리하자면, 큰 눈금 한 칸은 5분, 작은 눈금 한 칸은 1분을 나타내요.

몇 초

시계에는 짧은바늘과 긴바늘뿐만 아니라 빠르게 움직이는 초바늘도 있어요. 초바늘이 작은 눈금 한 칸을 지나는 데 걸리는 시간을 1초라고 해요. 긴바늘이 작은 눈금 한 칸을 지날 때는 1분이 흐른 것이지만, 초바늘이 작은 눈금 한 칸을 지날 때는 1초가 흐른 것이에요. 긴바늘이 작은 눈금 한 칸을 움직일 때 초바늘은 한 바퀴를 돌아요. 즉, 60칸을 움직이는 것이지요. 그래서 1분은 60초예요.

아래 시계를 보고 초 단위까지 시각을 읽어 보세요.

짧은바늘이 2를 지났으니 2시이고, 긴바늘은 6에 있으니 30분이고, 초바늘은 4에 있으니 20초예요. 2시 30분 20초이지요.

시계

시간을 측정하는 도구인 시계는 여러 가지 종류가 있어요.

아날로그시계

짧은바늘, 긴바늘, 초바늘이 숫자를 가리키면서 시간을 나타내요.

전자시계

화면에 뜨는 숫자로 시간을 나타내요.

해시계

조선 시대 세종대왕 때 발명한 시계인데, '앙부일구'라고 해요. 해의 움직임을 측정해서 시간을 알 수 있어요.

물시계

조선 시대 세종대왕 때 발명한 시계인데, '자격루'라고 해요. 물받이통에 일정 속도로 물이 흘러 들어가 차오르면 종이나 북을 쳐서 자동으로 시간을 알려 줘요.

13시는 몇 시일까요?

휴대폰 시계나 전자시계를 볼 때 가끔 13시, 14시 등의 방법으로 시간을 나타내는 경우가 있어요. 여러분이 아는 동그란 시계에는 숫자가 1부터 12까지 있는데 13시라니! 과연 몇 시를 뜻하는 것일까요?

이것은 하루가 24시간이기 때문에 생기는 현상이에요. 1일은 24시간인데, 전날 밤 12시부터 낮 12시까지를 오전(AM)이라고 하고, 낮 12시부터 밤 12시까지를 오후(PM)라고 해요. 오후 시간대를 오후 1시, 오후 2시라고 표현할 수 있지만 13시, 14시라고 할 수도 있어요. 즉, 오후 1시 20분과 13시 20분은 같은 시각을 나타내는 것이지요.

지금까지 배운 시간의 단위를 비교하면 다음과 같아요.

| 60초 = 1분 | 60분 = 1시간 | 24시간 = 1일 | 365일 = 1년 |

시간 감각을 느껴요

퀴즈1 스톱워치를 누름과 동시에 눈을 감고 30초를 세고 눈을 떠 봐요. 과연 몇 초가 흘렀나요? 30초의 감각을 느껴 봐요.

퀴즈2 지금은 몇 시 몇 분 몇 초인가요? 오전인가요, 오후인가요? 시계를 보고 읽어 보세요.

퀴즈3 이번 달 달력을 보세요. 세로줄에 있는 수들은 몇씩 커지나요?

들이의 단위

음식점에 가서 콜라나 사이다를 시킬 때 캔이나 페트병에 330mL, 500mL라고 쓰여 있는 것을 본 적이 있나요? 이렇게 캔이나 페트병과 같은 통 안쪽 공간의 크기를 '들이'라고 해요. 즉, 용기 안에 물이나 음료수와 같은 것을 얼마만큼 꽉 채울 수 있느냐를 나타내는 것을 들이라고 하지요. 그렇다면 들이를 나타내는 단위에는 어떠한 것들이 있을까요? 그리고 들이를 어떻게 측정할 수 있을까요?

들이의 단위는 왜 만들어졌을까요?

여러분, 다음 그림의 두 용기 중에서 어느 그릇에 물이 더 많이 들어갈까요?

　맞아요. 왼쪽 용기에 물이 더 많이 들어가겠죠? 즉, 왼쪽 용기의 들이가 더 커요. 두 용기의 차이가 클 때는 눈으로 보고 들이 비교가 가능해요. 하지만 다음 페이지에 있는 용기같이 용기의 차이가 크지 않을 때는 들이를 어떻게 비교할 수 있을까요?

　첫 번째 방법은 빨간 용기에 물을 가득 담은 후 파란 용기에 물을 옮겨 담아 비교하는 방법이 있어요. 물이 넘쳐 흐르면 빨간 용기의 들이가 더 큰 것이고, 물이 꽉 차지 않았다면 파란 용기의 들이가 더 큰 것이지요. 두 번째 방법은 빨간 용기와 파란 용기에 물을 가득 채운 뒤 크기가 같은 수조 2개에 물을 각각 부어 수조에 담긴 물의 양을 비교하는 거예요. 같은 크기의 수조에 옮겨 담았기 때문에 눈으로 비교하기 훨씬 쉬워요.

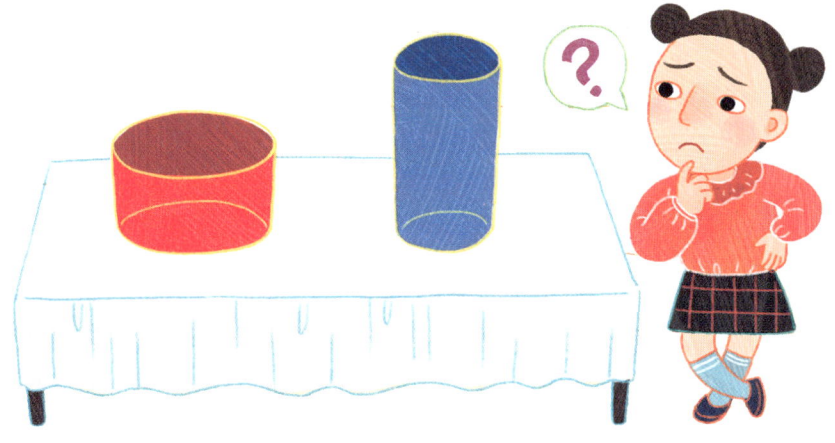

하지만 비교하려는 그릇이 너무 커서 물을 다른 용기에 옮겨 담기 어렵다면 어떻게 비교할 수 있을까요? 또는 큰 수조를 당장 준비할 수 없다면 어떻게 들이를 비교할까요? 그래서 필요한 것이 바로 들이의 표준 단위인 리터(L)와 밀리리터(mL)예요.

들이의 단위에는 무엇이 있을까요?

리터(L)

'1L'는 '1리터'라고 읽어요. 가로, 세로, 높이가 모두 10센티미터인 용기에 담을 수 있는 양이에요.

밀리리터(mL)

'1mL'는 '1밀리리터'라고 읽어요. 가로, 세로, 높이가 모두 1센티미터인 용기에 담을 수 있는 양이에요.

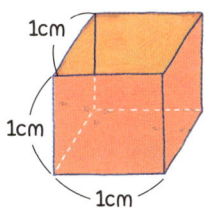

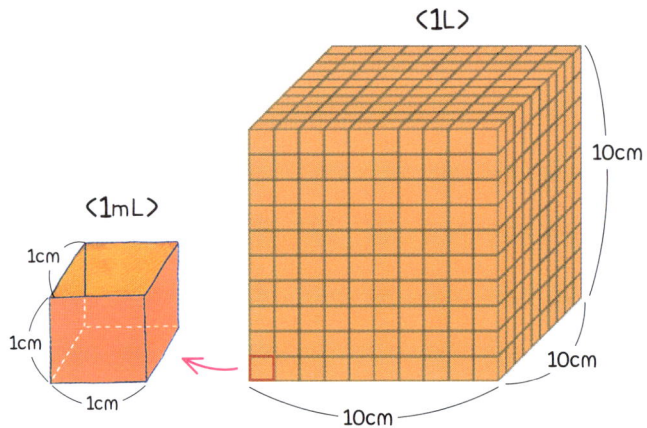

　1밀리터와 1리터를 수모형으로 비교하면 위와 같아요. 가로, 세로, 높이가 모두 1센티미터인 일모형 1개의 들이가 1밀리터예요. 이 일모형이 1,000개가 모여서 천모형이 되었을 때 이것의 들이는 1리터이지요. 즉, 1리터는 1,000밀리터예요.

시시(cc)

　병원에서 물약을 받거나 부모님이 요리할 때 시시(cc)라는 단위를 사용하는 것을 본 적이 있나요? '시시'도 들이를 나타내는 단위 중 하나예요. 1시시는 1밀리터와 같은 양을 의미해요. 그래서 일상생활에서는 시시라는 단위도 자주 사용해요.

들이 감각을 느껴요

퀴즈1 부모님의 숟가락에 물을 담아 보세요. 몇 mL일까요?

퀴즈2 종이컵 한 컵에 물을 꽉 채워 보세요. 몇 mL일까요?

퀴즈3 우유 한 팩(큰 사이즈)의 들이는 어떻게 될까요?

무게의 단위

집이나 병원에서 몸무게를 재어 본 적이 있나요? 몇 킬로그램인가요? 이렇게 무거운 정도를 나타내는 양을 '무게'라고 해요. 그렇다면 무게를 나타내는 단위에는 어떠한 것들이 있을까요? 그리고 무게를 어떻게 측정할 수 있을까요? 무게의 단위에 대해 함께 알아봐요.

무게의 단위는 왜 만들어졌을까요?

무게를 눈으로 보고 비교할 수 있을까요? 사람의 경우 몸집 차이가 크게 날 때는 눈으로 보고 누가 무게가 더 많이 나가는지 비교할 수 있어요.

그렇다면 다음 페이지 그림의 두 상자의 무게를 눈으로 보고 비교해 보세요. 어느 것이 더 무거울까요?

파란색 상자가 더 크기 때문에 더 무거울까요? 눈으로만 보아서는 어느 것이 더 무거운지 알기 어려워요. 예를 들어 바람을 넣은 풍선과 사과를 떠올려 보세요. 크기는 풍선이 더 크지만 사과가 더 무거워요. 이렇게 크기만 보고 어느 것이 더 무거운지는 알기 어려워요.

그래서 우리는 보통 직접 손으로 들어 보고 무게를 비교해요. 직접 들어 보니 파란색 상자가 가볍고 붉은색 상자는 무겁기 때

문에 붉은색 상자의 무게가 더 많이 나가는 것을 알 수 있어요.

　이렇게 직접 들어 보는 것 외에 어떤 방법으로 무게를 비교할 수 있을까요? 시소를 탔던 경험을 떠올려 보세요. 부모님과 함께 시소를 탔을 때 부모님이 앉은 쪽이 올라가나요, 내려가나요? 맞아요. 무게가 더 무거운 사람이 있는 쪽이 내려가요. 이와 비슷한 원리를 이용한 것이 양팔저울이에요. 양팔저울에 물건을 각각 올려놓고 어느 쪽이 내려가는지 보면서 무게를 비교할 수 있어요. 양팔저울에 사과와 밤을 올려놔 보면 사과가 있는 쪽이 더 내려가기 때문에 사과가 밤보다 더 무겁다고 할 수 있어요.

　그렇다면 사과가 밤보다 얼마나 더 무거운지 어떻게 알 수 있을까요? 바로 바둑돌이나 동전 같은 물건을 이용할 수 있어요. 예를 들어 사과는 바둑돌 아홉 개, 밤은 바둑돌 네 개만큼의 무게라면, 사과가 바둑돌 다섯 개만큼 더 무겁다고 할 수 있어요.

　하지만 직접 손으로 들어 보는 것과 양팔저울에 물건을 올려놓고 비교하는 것 모두 두 물건의 무게가 얼마나 차이 나는지 정확하게 표현하기 어려워요. 예를 들어 '바둑돌 다섯 개만큼 무겁다', '동전 세 개만큼 무겁다'라는 표현으로는 무게 차이를 정확히 알 수 없어요. 그래서 등장한 것이 무게의 표준 단위인 mg(밀리그램), g(그램), kg(킬로그램)이에요. 언제 어디에서나, 그리고 모두에게 쓰이는 단위랍니다.

무게를 측정해요

kg(킬로그램)

'1kg'은 '1킬로그램'이라고 읽어요. 1킬로그램은 물 1리터의 무게와 같아요. 여러분의 몸무게를 잴 때, 쌀 한 가마니의 무게를 잴 때 킬로그램 단위를 사용해요.

물 1리터: 1kg 쌀 한 가마니: 20kg

g(그램)

'1g'은 '1그램'이라고 읽어요. 학교에서 사용하는 딱풀, 양치할 때 사용하는 치약, 가벼운 탁구공 등의 무게를 잴 때 이 단위를 사용해요.

딱풀: 15g 치약: 200g 탁구공: 2.7g

t(톤)

혹시 코끼리를 본 적이 있나요? 코끼리의 몸무게는 어느 정도일까요? 코끼리는 약 5,000킬로그램이에요. 이렇게 아주 무거운 값을 간단하게 표현하기 위해 't(톤)'이라는 단위를 사용해요.

'1t'은 '1톤'이라고 읽어요. 1톤은 1,000킬로그램의 무게와 같아요. 크기에 따라 조금씩 다르지만 코끼리는 5톤 정도이고, 트럭은 1.5톤 정도예요. 바다 위에 떠다니는 배는 용도에 따라 무게가 아주 다양한데, 대략 1,000~9,000톤 정도예요.

무게를 측정하는 도구에는 어떠한 것이 있을까요?

무게를 측정하는 도구는 아주 다양해요. 양팔저울, 용수철 저울, 가정용 저울, 전자저울, 체중계 등이 있지요. 어느 정도의 무게를 재느냐에 따라 측정하는 도구도 달라져요.

무게 감각을 느껴요

퀴즈1 500원짜리 동전의 무게는 몇 그램일까요? 손으로 들어 보고 어느 정도일지 맞혀 보세요.

퀴즈2 여러분의 몸무게를 재고 몇 킬로그램인지 쓰세요.

퀴즈3 계란 하나의 무게를 재려고 합니다. g, kg, t 중 어느 단위로 재는 것이 좋을까요?

각도의 단위

　가족과 함께 산에 오른 경험을 떠올려 보세요. 산을 오를 때 "비탈길의 각도(경사)가 높아서 많이 힘들다." 혹은 "비탈길의 각도가 낮아서 오르기 쉽다."라는 말을 들은 적이 있나요? 이렇게 기울어진 정도를 나타낼 때 '각도'라는 표현을 사용해요. 그렇다면 각도를 나타내는 단위에는 무엇이 있을까요? 그리고 각도를 어떻게 측정할 수 있을까요? 각도의 단위에 대해 함께 알아봐요.

각은 무엇이고 각도는 무엇인가요?

　'각'은 삼각형, 사각형처럼 하나의 도형이에요. 한 점에서 그은 두 개의 반직선에 의해 이루어진 도형이지요. 여기서 반직선이란 한 점에서 시작하여 한없이 곧게 뻗어 나가는 선을 뜻해요. 각은

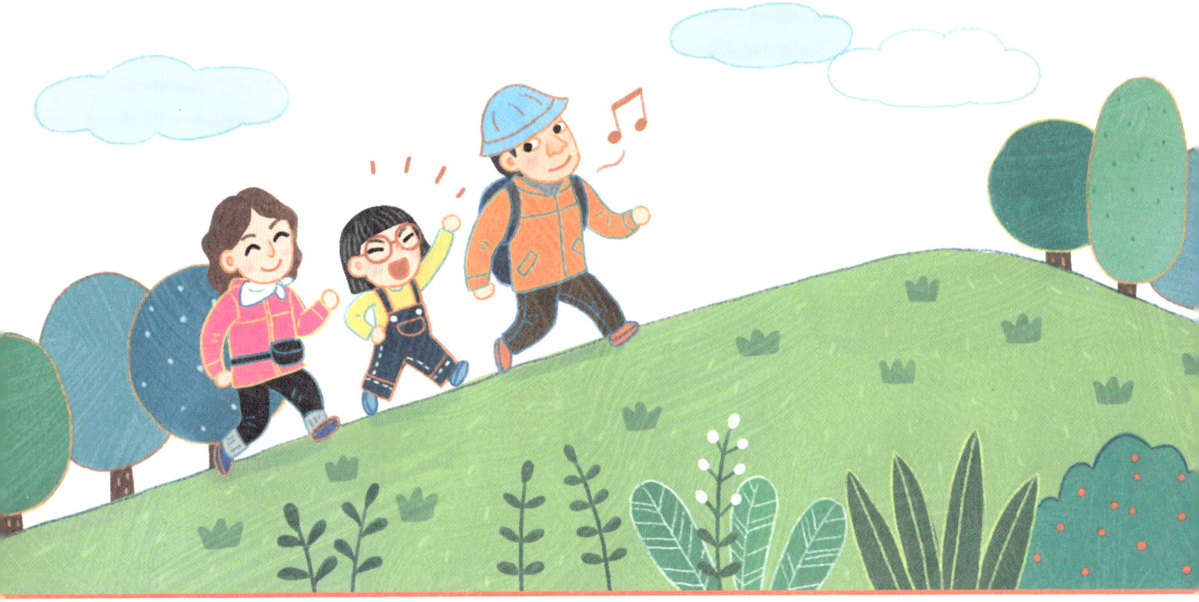

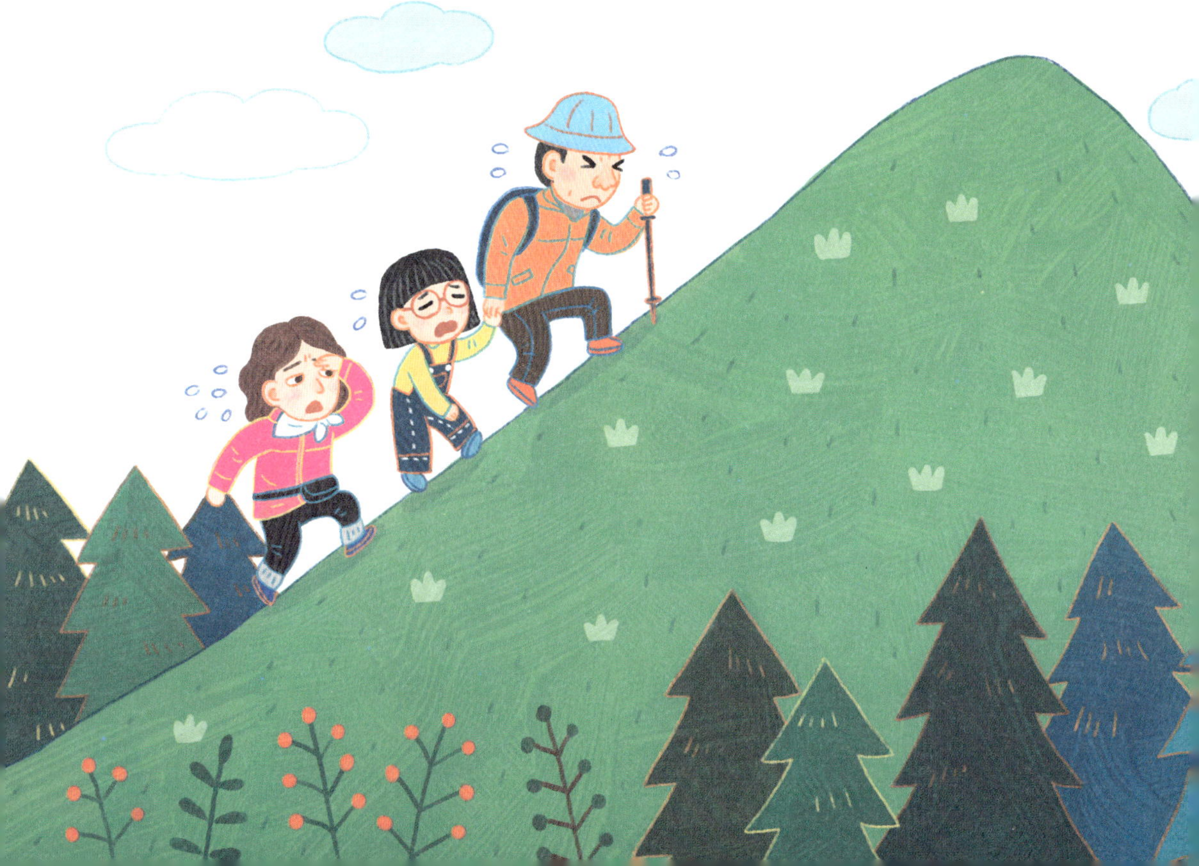

꼭짓점, 변으로 구성되어 있어요. 두 개의 선을 '변'이라고 부르고, 선이 만난 점을 '꼭짓점'이라고 불러요.

'각도'란 각의 크기를 말해요. 한 점에서 그은 두 개의 반직선 사이의 벌어진 정도를 말하죠. 즉, '각'은 하나의 도형이지만 '각도'는 두 반직선이 벌어진 정도를 일컬어요.

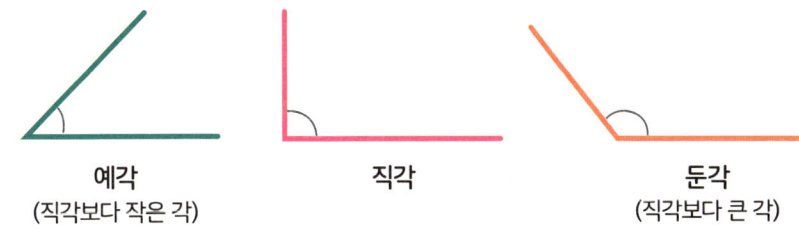

예각
(직각보다 작은 각)

직각

둔각
(직각보다 큰 각)

각도를 측정해요

도(°)

도(°)는 각도의 단위예요. 여러분이 보고 있는 책의 모서리를 보세요. 그만큼을 90도(°)라고 합니다. 다른 말로 직각이라고 해요.

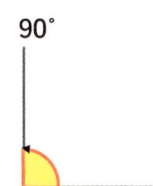

그렇다면 다음 각은 몇 도일까요?

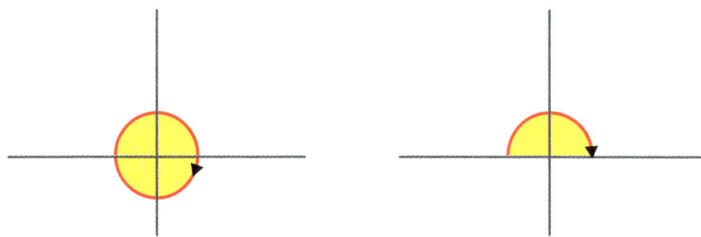

완전히 한 바퀴를 다 돈 각은 360도예요. 그렇다면 반 바퀴만 돈 각은 몇 도일까요? 이것은 180도예요. 이렇게 가운데 점을 중심으로 얼마나 회전했느냐에 따라 각도가 결정되어요. 한 바퀴를 회전시켰으면 360도, 반 바퀴를 회전시켰으면 180도가 되지요.

피자를 먹었던 경험을 떠올려 보세요. 피자 한 판을 여덟 조각으로 똑같이 나누었을 때, 한 조각은 45도, 두 조각은 90도, 여섯 조각은 270도, 한 판 전체는 360도라고 할 수 있어요.

각의 크기를 비교해요

다음 두 개의 각 중에서 각도가 더 큰 각은 무엇일까요?

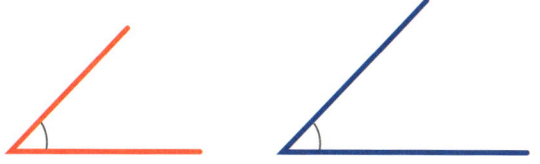

변의 길이가 긴 파란색 각이 더 크다고 생각하나요? 두 각을 포개어 보도록 할게요. 완전히 포개어지기 때문에 두 각의 크기는 서로 같아요. 이렇게 각도는 변의 길이에 따라 달라지지 않아요.

그리고 같은 각 내에서 어디를 표시해도 모두 같은 각이에요.

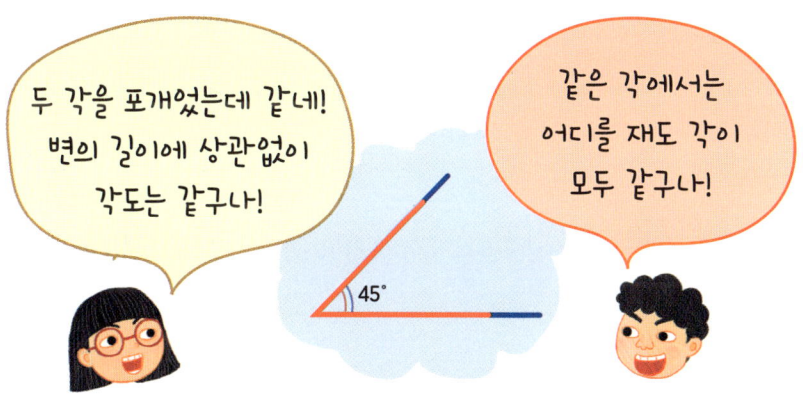

각은 언제 필요할까요?

대포를 쏠 때 포탄이 가장 멀리 나가게 하기 위해 어떠한 것들이 중요할까요? 물론 대포가 얼마나 좋은 대포인지도 중요하지만, 포탄을 쏘는 포수가 어떤 각도로 대포를 쏘는지도 중요해요. 일반적으로 포탄이 가장 멀리 날아가기 위해서는 약 45도의 각도로 던져야 한다고 해요.

체육 시간에 공 던지기 활동을 할 때도 각도가 필요해요. 이론적으로 공이 멀리 날아가기 가장 좋은 각도는 45도예요. 하지만 공기의 저항, 즉 공기가 방해하는 힘을 생각하면 45도보다 약간 낮은 각도인 40~43도로 던져야 해요.

포환던지기 선수들도 40~43도의 각도로 던져서 포환이 멀리 날아가게끔 해요.

각도를 측정하는 도구는 무엇일까요?

각도를 측정하는 도구를 '각도기'라고 해요. 각도기로 각도를 재는 방법은 다음과 같아요.

❶ 각도기의 중심과 각의 꼭짓점 맞추기
❷ 각도기의 밑금과 각의 한 변 맞추기
❸ 각의 나머지 변이 각도기의 눈금과 만나는 부분 읽기

만약 각의 변이 각도기보다 짧은 경우 각의 변을 더 길게 그려서 측정해요.

각도 감각을 느껴요

퀴즈1 다음 각의 크기는 몇 도인가요?

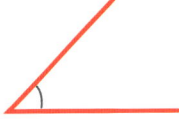

퀴즈2 양손을 이용해서 90도를 만들어 보세요.
(예 손목을 맞대고 양손을 90도만큼 벌린다.)

퀴즈3 색종이를 절반으로 접고 한 번 더 반으로 접어 보세요.
다시 색종이를 펼쳐 보세요. 몇 개의 직각이 보이나요?

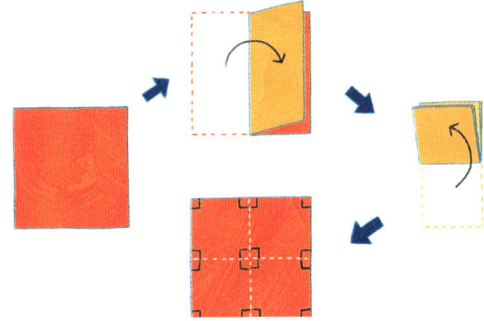

넓이의 단위

여러분, 혹시 친척 집에 놀러 갔을 때 부모님께서 "집이 더 넓어졌네요." 혹은 "이 방 되게 넓네요."라고 말하는 것을 들어 본 적이 있나요? 이렇게 집의 크기나 창문의 크기처럼 평평한 면의 크기를 '넓이'라고 해요.

그렇다면 넓이를 나타내는 단위에는 어떠한 것들이 있을까요? 그리고 넓이는 어떻게 측정할까요? 넓이의 단위에 대해 함께 알아봐요.

넓이의 단위는 왜 만들어졌을까요?

다음의 색종이 두 장의 넓이를 비교해 보세요. 파란색 종이와 붉은색 종이 중 어느 것이 더 넓을까요?

눈으로만 보아도 붉은색 색종이가 더 작은 것을 알 수 있지요? 그렇다면 다음 노란색 색종이와 파란색 색종이 중에서 어느 것이 더 넓을까요?

이렇게 눈으로 볼 때 어느 것이 더 넓은지 확실하게 알 수 없을 때는 두 색종이를 겹쳐서 비교할 수 있어요.

파란색 색종이가 남으니 노란색 색종

이보다 파란색 색종이가 더 넓다는 것을 알 수 있어요. 이번에는 파란색 색종이와 초록색 색종이를 비교해 봐요. 똑같이 겹쳐 보면 다음과 같아요.

이상하게 초록색 색종이도 남지만 파란색 색종이도 남아요. 이때는 어떻게 해야 할까요? 색종이의 남는 부분을 잘라서 서로 비교하면 돼요. 남는 부분을 겹쳐서 비교했을 때 초록색 색종이가 더 많이 남으면 파란색 색종이보다 초록색 색종이가 더 넓다는 것이 판명되겠죠?

그렇다면 이렇게 포개거나 잘라서 넓이를 비교할 수 없는 경우에는 어떻게 비교를 해야 할까요? 바로 작은 정사각형을 만들어 이것이 몇 번 들어가는지 세어 보면 돼요. 재려고 하는 면을 작은 정사각형으로 빈틈없이 덮어서 몇 번 들어가는지 세어 보는 것이죠.

하지만 사람들이 정한 정사각형의 크기가 제각각이면 어떤 일이 벌어질까요? 예를 들어 똑같은 돗자리의 크기를 잴 때 누구는 아주 작은 정사각형으로 세어서 36칸이라고 하고, 누구는 아주 큰 정사각형으로 세어서 6칸이라고 할 수 있어요. 이렇게 서로 다른 넓이 단위를 사용하면 혼란스러움이 생기기 때문에 전 세계적으로 사용하는 넓이의 표준 단위가 등장한 것이지요.

넓이를 측정해요

넓이는 평평한 면의 크기를 뜻해요. 그렇다면 면의 크기를 어떻게 측정할 수 있을까요? 바로 작은 정사각형으로 빈틈없이 덮어서 작은 정사각형이 몇 번 들어가는지 세어 보면 돼요. 이 작은 정사각형을 '단위 넓이'라고 불러요. 여러분이 재려고 하는 면의 크기, 즉 어떤 것의 넓이를 재느냐에 따라 사용하는 단위 넓이가 달라져요. 넓이를 재는 단위에는 어떠한 것들이 있는지 함께 알아봐요.

제곱센티미터(cm^2)

'$1cm^2$'는 '1제곱센티미터'라고 읽어요. 1제곱센티미터는 한 변의 길이가 1센티미터인 정사각형의 넓이예요.

다음 페이지에 있는 두 개의 색종이 중에서 넓이가 더 넓은 색종이는 어떤 색종이일까요?

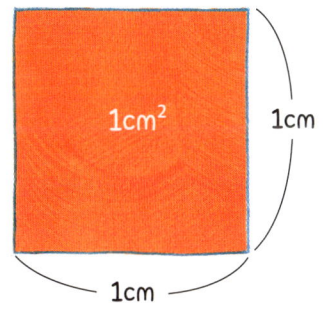

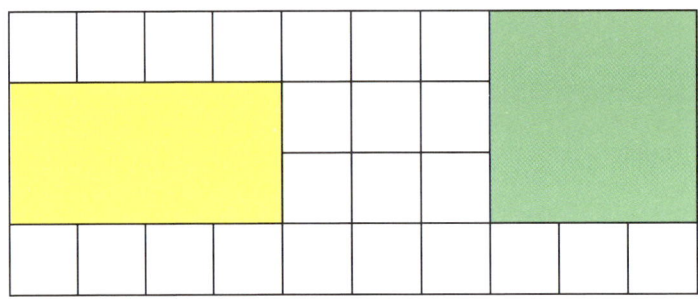

 단위 넓이 1제곱센티미터가 몇 번 들어가는지 세어 보면 알 수 있어요. 노란색 색종이는 1제곱센티미터 단위 넓이가 8개 있으므로 8제곱센티미터이고, 초록색 색종이는 1제곱센티미터 단위 넓이가 9개 있으므로 9제곱센티미터이지요. 따라서 더 넓은 색종이는 초록색 색종이예요.

제곱미터(m^2)

 '1m^2'는 '1제곱미터'라고 읽어요. 1제곱미터는 한 변의 길이가 1미터인 정사각형의 넓이예요.

 1제곱미터는 어느 정도의 크기일까요? 길이의 단위 센티미터, 미터를 기억

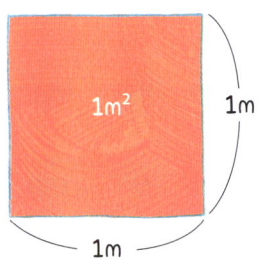

하고 있나요? 1미터는 100센티미터와 똑같아요. 그러면 1제곱미터는 100제곱센티미터일까요? 신기하게도 그렇지 않아요. 1제곱미터는 10,000제곱센티미터와 같아요. 그 이유는 무엇일까요? 아래 그림을 통해 알아볼까요?

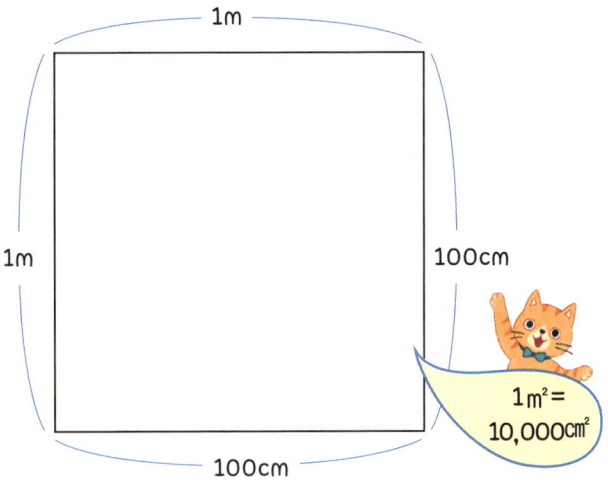

한 변이 1미터인 정사각형은 한 변이 100센티미터예요. 그래서 1제곱미터는 1제곱센티미터 단위 넓이가 가로에 100개, 세로에 100개씩 들어가요. 1제곱센티미터 단위 넓이를 모두 세어 보면 100×100=10,000개가 되어요. 즉, 1제곱미터는 10,000제곱센티미터라는 것이지요.

경기장 등 아주 큰 곳의 넓이를 잴 때 1제곱센티미터 단위 넓이로 재면 시간이 너무 오래 걸려요. 그리고 수로 표현할 때도 아주 큰 수가 되기 때문에 힘들지요. 그래서 1제곱미터 단위 넓이를 사용하여 넓이를 재는 것이죠.

그렇다면 1제곱미터는 어느 정도 될까요? 자리에서 일어나서 두 걸음을 걸어 보세요. 그리고 몸을 왼쪽으로 돌려서 두 걸음을 걷고 다시 왼쪽으로 돌아서 두 걸음, 마지막으로 한 번 더 왼

쪽으로 돌아서 두 걸음을 걸어 보세요. 그러면 처음 출발했던 곳으로 돌아올 거예요. 그만큼이 약 1제곱미터예요. 두 걸음이 약 1미터이므로 한 변을 두 걸음으로 하는 정사각형을 만들면 1제곱미터의 크기를 짐작할 수 있어요.

제곱킬로미터(km²)

'1km²'는 '1제곱킬로미터'라 읽어요. 1제곱킬로미터는 한 변의 길이가 1킬로미터인 정사각형의 넓이예요. 1제곱미터로 재기 어려운, 마을이나 도시처럼 아주 넓은 곳의 넓이를 잴 때 사용해요. 예를 들어 서울의 넓이는 약 605제곱킬로미터이고 제주도는 약 1,833제곱킬로미터이지요.

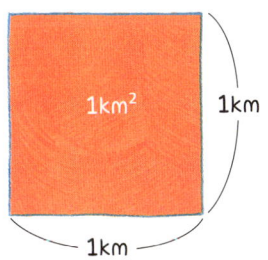

넓이 감각을 느껴요

퀴즈1 넓이가 1cm²인 정사각형을 그려 보세요.

퀴즈2 우리나라의 수도, 서울의 면적을 재려고 해요. 어떤 단위를 쓰는 것이 좋을까요?

부피의 단위

밀리리터(ml), 리터(L) 등 들이의 단위를 기억하고 있나요? 부피와 들이는 아주 밀접한 관계를 맺고 있어요. 들이는 용기 안의 크기를 뜻하고, 부피는 용기 자체의 크기를 뜻해요. 즉, 들이는 용기 안에 얼마만큼 물이 채워지냐를 뜻하고, 부피는 용기 자체의 크기가 어느 정도인지를 나타내 주는 거예요. 부피와 들이, 비슷하면서도 뜻이 약간 다르지요?

예를 들어 두께가 두꺼운 병의 부피와 들이는 서로 같을까요? 다를까요? 병의 부피는 두께를 모두 포함한 병 전체의 크기를 뜻해요. 하지만 병의 들이는 병의 두께를 제외한 병 안에 들어가는 물의 양을 뜻해요. 그래서 병의 부피와 들이는 서로 다르다고 해요. 하지만 병 안에 담긴 물의 부피와 병의 들이는 같아요. 이렇게 들이의 개념과 비슷하면서도 약간의 차이가 있는 부피의 단위에는 어떠한 것들이 있을까요? 그리고 부피를 어떻게 측정할까요? 부피의 단위에 대해 함께 알아봐요.

부피의 단위는 왜 만들어졌을까요?

부피는 넓이와 높이를 가진 물건이 차지하는 공간의 크기를 뜻해요. 즉, 입체의 물건이 차지하는 공간의 크기를 말하지요. 아래 두 상자의 부피를 비교해 볼까요? 어떤 상자의 부피가 더 큰가요?

밑면의 넓이는 같고, 높이는 붉은 상자가 더 높으므로 붉은 상자의 부피가 더 크다는 것을 알 수 있어요. 그렇다면 다음의 붉은 상자와 노란 상자의 부피를 비교해 보세요. 어느 상자의 부피가 더 클까요?

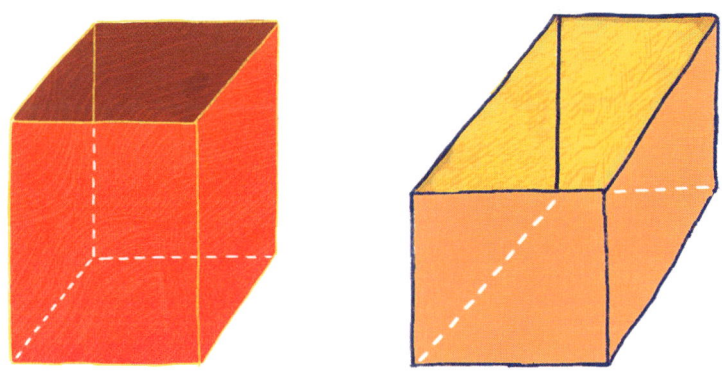

그림으로만 보고는 어느 상자의 부피가 더 큰지 알기 어려워요. 그렇다면 어떠한 것으로 부피를 비교할 수 있을까요? 바로 상자에 쌓기나무를 넣어서 몇 개가 들어가는지 보고 부피를 비교할 수 있어요.

하지만 사람마다 다른 크기의 쌓기나무를 가지고 있다면 정확한 부피 비교가 어려워요. 비교하는 기준 단위가 다르기 때문이에요. 그래서 부피의 표준 단위가 필요한 것이죠.

부피를 측정해요

세제곱센티미터(cm³)

'1cm³'는 '1세제곱센티미터'라고 읽어요. 가로, 세로, 높이가 모두 1센티미터인 정육면체의 부피를 뜻해요.

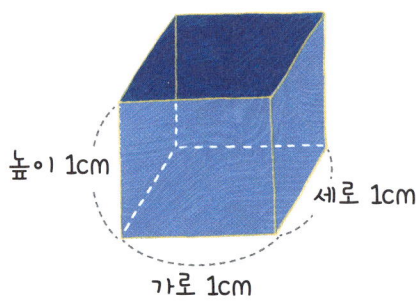

아래의 비어 있는 상자의 부피를 어떻게 구할 수 있을까요?

가로, 세로, 높이가 1센티미터인 쌓기나무가 몇 개 들어가는지 세어 보면 돼요. 상자의 바닥에 3개씩 3줄을 넣기 때문에 총 9개의 쌓기나무가 바닥에 깔려요. 그리고 총 3층을 쌓을 수 있기 때문에 27개의 쌓기나무가 필요해요. 단위 부피가 1세제곱센티미터인 쌓기나무가 총 27개 들어가므로 아래 상자의 부피는 27세제곱센티미터라고 할 수 있어요.

세제곱미터(m³)

'1m³'는 '1세제곱미터'라고 읽어요. 가로, 세로, 높이가 1미터인 정육면체의 부피를 뜻해요.

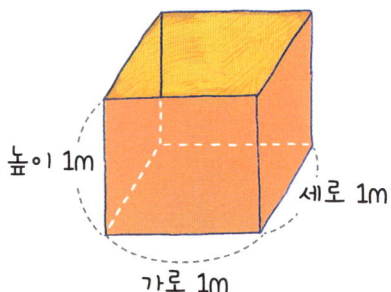

1세제곱미터의 크기는 어느 정도일까요? 단위 부피 1세제곱센티미터의 쌓기나무를 가로로 100개, 세로로 100개를 놓아서 바닥을 깔고 그대로 100층을 쌓았을 때 1세제곱미터가 되어요.

1세제곱센티미터짜리 쌓기나무가 총 100cm³×100cm³×100개=1,000,000개가 필요한 것이지요. 따라서 1세제곱미터는 1,000,000세제곱센티미터와 같아요.

들이와 부피의 단위는 어떤 관계가 있을까요?

 들이의 단위 중 하나인 밀리리터(mL)는 가로, 세로, 높이가 모두 1센티미터인 용기에 담을 수 있는 양을 뜻해요. 이와 비슷하게 부피의 단위 중 하나인 세제곱센티미터(cm^3)는 가로, 세로, 높이가 모두 1센티미터인 정육면체의 크기를 뜻해요. 그래서 1밀리리터는 1세제곱센티미터와 같아요. 다만 들이는 용기 안의 크기, 부피는 용기 자체의 크기이기 때문에 500밀리리터 콜라병의 들이는 500밀리리터이지만 콜라병의 두께에 따라 콜라병의 부피는 500세제곱센티미터가 아닐 수 있어요. 그러나 콜라병 안에 들어 있는 콜라의 부피는 500세제곱센티미터이지요. 들이와 부피의 단위 사이의 관계를 정리하면 다음과 같아요.

$1cm^3$ = 1ml = 1cc

$1000cm^3$ = 1000mL = 1L

 부피 감각을 느껴요

퀴즈1 다음 상자의 부피를 구해 보세요.

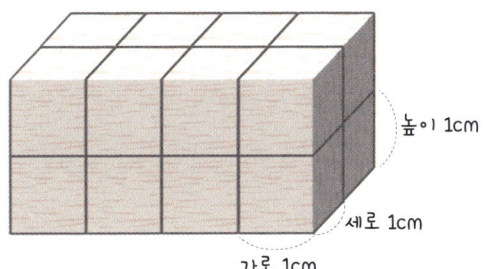

4 × 2 × 2 =

퀴즈2 들이가 330밀리리터인 용기가 있습니다. 용기에 가득 담긴 물의 부피는 얼마일까요?

퀴즈3 1리터는 1세제곱미터와 같을까요?

온도의 단위

 학교나 식당에서 여러분의 체온을 측정한 후 체온을 어떻게 이야기하나요? 혹은 일기예보에서 내일 낮 최고 기온을 어떻게 설명하나요? 이렇게 우리는 일상생활에서 온도를 자주 접하고 있어요. 온도란 물체의 차고 뜨거운 정도를 수로 표현한 것을 뜻하지요. 온도를 나타내는 단위에는 무엇이 있고, 온도는 어떻게 측정할까요? 온도의 단위에 대해 함께 알아봐요.

온도 측정이 필요한 이유는 무엇일까요?

 가족과 함께 목욕탕에서 따뜻한 물, 미지근한 물, 차가운 물을 받아 놓고 실험을 해 보아요. 한 사람은 따뜻한 물에 손을 넣고 다른 사람은 차가운 물에 손을 넣고 10초 동안 있어 보세요.

그리고 두 사람이 손을 동시에 빼서 미지근한 물에 넣어 보세요. 따뜻한 물에 손을 넣었던 사람은 미지근한 물에 손을 넣었을 때 시원하다고 느낄까요, 따뜻하다고 느낄까요? 맞아요. 상대적으로 시원하다고 느낄 거예요. 반대로 차가운 물에 손을 넣었던 사람은 미지근한 물이 따뜻하다고 느낄 거예요.

이렇게 같은 온도의 물에 손을 넣었을 때 두 사람이 서로 다르게 느끼는 것을 알 수 있어요. 이것이 바로 온도 측정이 필요한 이유예요. 사람은 자신의 감각만으로는 물질의 온도를 정확하게 비교하기 어렵기 때문이지요.

온도를 측정해요

℃

섭씨온도를 나타내는 기호는 '℃'라 쓰고 '섭씨 ○도' 혹은 간단하게 그냥 '○도'라고 읽어요. 섭씨온도란 물의 끓는점과 물의 어는점을 온도의 표준으로 정해서 그 사이를 100등분한 온도 눈금이에요. 물이 끓는 온도는 100도이고, 물이 어는 온도는 0도이지요.

여러분은 일상생활에서 체온을 자주 쟀을 거예요. 체온은 사람마다 조금씩 다르지만 약 36~37도예요. 그래서 체온이 37.5도보다 높으면 열이 난다고 표현해요.

그렇다면 일기예보에서 영상 ○도, 영하 ○도라고 표현하는 것을 들어 본 적이 있나요? 여기서 영상, 영하는 무엇일까요? 바로 0도를 기준으로 0도보다 높으면 영상 ○도, 0도보다 낮으면 영하 ○도라고 해요.

온도를 측정하는 도구는 무엇이 있을까요?

알코올 온도계

실내 온도를 측정하기 위해 옆의 그림과 같이 생긴 온도계를 걸어 놓은 것을 본 적이 있나요?

이것은 알코올 온도계인데, 붉은 기둥이 위치한 눈금을 읽어서 몇 도인지 알 수 있어요. 여기서 붉은 것은 알코올이에요.

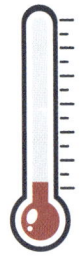

알코올 온도계는 주로 공기나 물의 온도를 잴 때 사용해요. 온도가 높아지면 붉은 기둥이 점점 높아지고, 온도가 낮아지면 붉은 기둥이 낮아져요.

적외선 온도계

날이 매우 더운 날 땅의 온도를 잴 때 아래 그림과 같이 생긴 온도계를 사용한 것을 본 적이 있나요?

이것은 적외선 온도계로, 물질 표면의 온도를 측정하는 도구예요. 주로 딱딱한 물체의 온도를 측정할 때 사용해요. 대개 물질에서 나오는 적외선의 열을 알아채고 숫자로 바꿔서 몇 도인지 나타내 주어요. 적외선 온도계는 측정하려는 곳에서부터 2~3센티미터 정도 떨어진 위치에서 측정하지요. 물질에 직접 닿지 않고도 온도를 측정할 수 있어서 주로 공장에서 고온의 물질을 측정할 때 사용한답니다.

온도 감각을 느껴요

퀴즈1 내일 아침 온도는 몇 도인지 일기예보를 보고 써 보세요.

퀴즈2 여러분의 체온을 재고 몇 도인지 써 보세요.

퀴즈3 여러분의 오른손은 찬물에, 왼손은 따뜻한 물에 넣어 보세요. 그리고 두 손을 모두 미지근한 물에 넣어 보세요. 오른손과 왼손의 느낌이 각각 어떠한가요?

소리의 단위

　10초 동안 눈을 감고 지금 어떤 소리가 들리는지 집중해 보세요. 학교에 있다면 친구들이 이야기하는 소리, 책장 넘기는 소리 등 여러 가지 소리가 들릴 거예요.

　이렇게 우리 주변은 소리로 가득해요. 소리는 물체의 진동이 그 주변의 공기를 진동시켜서 전달되는 파동이라서 '음파'라고도 해요. 마치 바다의 파도가 물결을 일으키며 다른 곳으로 퍼져 가는 현상과 같아요.

　그렇다면 소리를 나타내는 단위에는 어떠한 것들이 있을까요? 그리고 눈에 보이지 않는 소리를 어떻게 측정할까요? 소리의 단위에 대해 함께 알아보아요.

소리는 어떻게 발생할까요?

여러분 혹은 부모님의 휴대 전화로 음악을 가장 크게 틀어 보세요. 그리고 소리가 나오는 스피거에 손가락을 가져다 대어 보세요. 어떠한가요? 마치 전화가 왔을 때 진동이 느껴지는 것처럼 떨림이 느껴지나요?

이렇게 물체에서 소리가 날 때는 물체가 떨려요. 그렇다면 소리를 멈추기 위해서 어떻게 할 수 있을까요? 바로 소리 나는 물체를 떨리지 않게 하면 돼요. 예를 들어 스피커 음량이 너무 클 때 손을 스피커에 딱 붙이면 소리의 크기가 작아지는 것을 느낄 수 있어요. 진동을 방해하여 소리의 크기를 줄였기 때문이지요.

소리를 측정해요

데시벨(dB)

데시벨은 소리의 크고 작은 정도, 즉 소리의 세기를 나타내는 단위예요. 물체가 떨리는 정도에 따라 소리의 크기는 달라져요. 예를 들어 북 위에 쌀을 올려놓고 북을 친다고 생각해 보세요. 북을 약하게 칠 때 쌀이 튀어 오르는 높이와 북을 세게 칠 때 쌀이 튀어 오르는 높이를 비교해 보세요. 북을 세게 칠 때 소리의 크기도 커지고 쌀도 높게 튀어 오르지요? 그만큼 물체의 떨림이 크다는 거예요. 그래서 물체의 떨림이 클수록 소리의 세기는 커지고 데시벨도 높아져요.

보통 도서관에서 들리는 소리는 30데시벨, 이야기 나누는 소

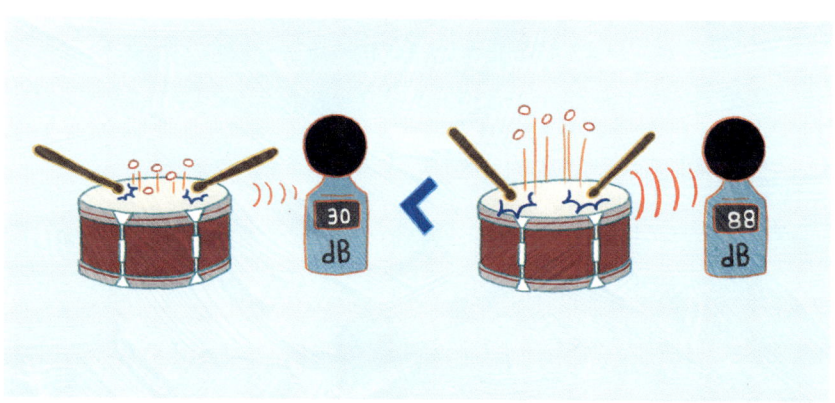

리는 40~50데시벨, 기찻길 주변처럼 우리가 시끄럽다고 느끼는 소음 수준은 80데시벨이라고 해요. 데시벨이 10씩 커질 때마다 10배씩 소리가 커져요.

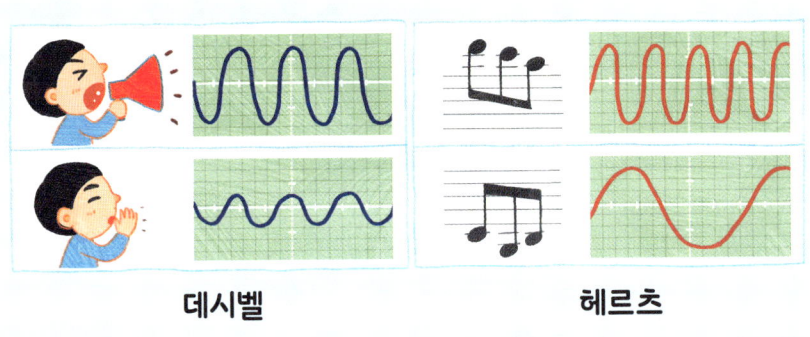

데시벨   헤르츠

헤르츠(Hz)

헤르츠는 소리의 높낮이를 나타내는 단위예요. 혹시 피아노를 쳐 본 적이 있나요? 피아노의 낮은 도와 높은 도처럼 소리의 높낮이를 나타낼 때는 헤르츠 단위를 사용해요.

일상생활에서 헤르츠 단위를 접하는 경우는 전자기파의 주파수 또는 진동수 따위를 측정할 때예요. 라디오나 텔레비전 방송의 주파수를 이야기할 때 헤르츠를 단위로 사용하지요. 주파수는 1초 동안 진동한 횟수를 뜻해요. 라디오의 주파수 단위는 메가헤르츠를 쓰는데, 1메가헤르츠는 1초 동안에 100만 번 떠는 진동수예요. 1헤르츠의 100만 배이지요. 기호는 'MHz'예요.

데시벨과 헤르츠의 차이

데시벨은 공기가 얼마나 크게 흔들렸는지를 나타내는 소리 단위라면, 헤르츠는 공기가 얼마나 자주 흔들렸는지를 나타내는 소리 단위예요.

소리 감각을 느껴요

퀴즈1 휴대 전화 혹은 태블릿 PC 등을 활용하여 소리 측정 앱을 다운받고 이야기를 해 보세요. 큰 소리로 말할 때와 작은 소리로 말할 때 데시벨의 변화가 있나요?

퀴즈2 책상을 살살 치는 것과 세게 치는 것의 차이를 나타낼 때 dB(데시벨)과 Hz(헤르츠) 중 어떤 단위를 사용할까요?

퀴즈3 소리가 나는 물체에 손을 가져다 대어 보세요. 어떠한 것이 느껴지나요?

전기의 단위

방 안의 불을 켤 때, 추운 겨울에 전기장판에서 몸을 녹일 때 우리는 모두 전기를 사용하고 있어요. 이외에도 휴대 전화를 충전할 때, 에어컨을 켤 때 모두 전기를 사용하고 있어요. 심지어 요즘에는 전기를 연료로 이용하는 친환경 자동차인 전기차도 많이 타고 다니지요.

이렇게 우리가 매일 사용하고 있는 전기는 과연 무엇일까요? 그리고 전기의 단위에는 무엇이 있을까요? 전기의 단위에 대해 함께 자세히 알아봐요.

전기는 무엇일까요?

여러분, 혹시 스웨터를 입거나 벗을 때 머리카락이 스웨터에 달라붙어서 삐죽삐죽 섰던 경험이 있나요? 혹은 빗으로 머리를 빗을 때 머리카락이 빗에 달라붙어 스스스 선 적은 없었나요? 이러한 것을 '정전기'라고 해요. 정전기도 전기의 한 형태인데, 흐르지 않고 머물러 있는 전기를 뜻하지요.

그렇다면 전기는 항상 정전기 상태로 머물러 있을까요? 그렇지 않아요. 우리 주위에서 사용하는 전기의 대부분은 전선으로

연결되어 있어요. 전선은 한마디로 전기가 흐르는 통로인데, 이렇게 흐르는 전기를 '전류'라고 해요. 물처럼 흐르는 전기라고 생각하면 돼요. 전선에 무언가가 흘러 불이 켜지고 선풍기가 켜지는 것이지요. 이렇게 전선을 통해 흐르는 것을 전류라고 해요.

전기를 측정해요

암페어(A)

암페어는 전류의 세기를 나타내는 국제 기준 단위예요. 전류가 흐를 때 전선의 한 지점에 1초당 얼마나 많은 전자가 지나가는지를 말하지요. 암페어는 전류의 움직임을 알아낸 프랑스 물리학자 앙드레마리 앙페르의 이름에서 유래하였어요.

볼트(V)

볼트는 전압의 단위예요. 전압은 전류를 흐르게 하는 힘이라고 생각하면 돼요. 전기 회로나 전선에서 전기가 흐르기 위한 전기의 높이차가 바로 전압이에요. 전압의 단위는 물리학자 알렉산드로 볼트의 이름에서 유래했어요. 일반적으로 사용되는 건전지는 1.5볼트이고, 가정에서는 220볼트를 사용해요.

옴(Ω)

옴은 전류의 흐름을 방해하는 정도인 전기 저항의 단위예요. 독일의 물리학자 게오르크 시몬 옴의 이름에서 유래했어요.

저항의 뜻을 이해하기 위해 빨대를 예로 들어 볼게요. 흐르는 물을 빨대로 흘려보낸다고 생각해 보세요. 두꺼운 빨대와 얇은 빨대 중 물이 더 잘 흘러가는 빨대는 무엇인가요? 그리고 짧은 빨대와 긴 빨대 중 물이 더 잘 흘러가는 것은 무엇일까요? 빨대가 두꺼울수록, 빨대가 짧을수록 물이 잘 흘러갈 거예요. 이와 비슷한 원리로 전선의 굵기가 두꺼울수록, 전선의 길이가 짧을수록 전류가 잘 흐르기 때문에 저항값은 작아져요. 이렇게 전류의 흐름을 방해하는 것이 바로 저항이에요.

전기 감각을 느껴요

퀴즈1 1.5볼트 건전지가 어디에 사용되는지 찾아보세요.

퀴즈2 우리 집의 이번 달 전기 사용 요금은 얼마인가요?

퀴즈3 전기를 안전하게 사용하는 방법을 이야기해 봅시다.
(예) 젖은 손으로 전기기구 만지지 않기)

속도의 단위

여러분은 달리기를 잘하나요? 여러분의 반에서 가장 달리기가 빠른 친구는 누구인가요? 이렇게 물체의 빠르기를 나타내는 것을 속도라고 해요.

사람이 걷거나 달리는 속도, 차가 달리는 속도 등을 보면 움직이는 속도가 모두 달라요. 이렇게 다양한 속도를 어떤 단위로 나타낼까요? 속도의 단위에 대해 함께 알아봐요.

물체의 빠르기를 비교해요

물체의 빠르기를 비교하는 방법에는 두 가지가 있어요. 먼저 일정한 거리를 이동한 물체의 빠르기는 걸린 시간을 비교하여 알 수 있어요.

예를 들어 두 사람이 100미터 달리기 시합을 할 때는 먼저 결승점에 들어온 사람을 더 빠르다고 표현해요. 이렇게 일정한 거리를 이동할 때 짧은 시간이 걸리는 물체가 빠르다는 것을 알 수 있어요.

두 번째로 일정한 시간 동안에 이동한 물체의 빠르기는 이동 거리를 비교하여 알 수 있어요.

예를 들어 자동차 빠르기 시합을 할 경우 1분 동안 운전했을 때 출발 지점에서 더 멀리 간 자동차가 더 빠르다고 표현해요. 이렇게 일정 시간 동안 이동할 때 더 멀리 이동한 물체가 더 빠르다는 것을 알 수 있어요.

속도와 속력은 어떤 차이가 있을까요?

속도와 속력, 둘 다 물체의 빠르기를 나타내는 단어인데, 어떤 점이 다를까요?

속력은 일정 시간 동안 이동한 '거리'로, 물체의 빠르기를 나타낼 때 사용해요. 반면 속도는 일정 시간 동안 '위치'가 얼마만큼 변했느냐를 나타낼 때 사용해요.

속력은 물체의 이동 방향은 고려하지 않지만, 속도는 물체의 이동 방향을 함께 나타내는 것이지요.

　예를 들어 한 사람이 한 걸음 앞으로 갔다가 뒤로 한 걸음을 갔다고 생각해 보세요. 이때 속력은 커지지만 속도는 0이에요. 왜냐하면 다시 제자리로 돌아온 것은 위치가 변하지 않은 것이기 때문이지요.

　다시 정리하자면 속력은 일정 시간 동안 물체가 얼마나 이동했는지를 나타내고, 속도는 일정 시간 동안 물체의 위치가 얼마만큼 변했는지 나타내요.

속도를 측정해요

초속 ○미터(m/s)

1초 동안 몇 미터를 움직였는지를 나타내는 단위예요. 주로 일기예보에서 바람의 속도를 초속으로 많이 나타내요. 바람은 초속 12미터만 되어도 우산이 완전히 망가져요.

초속 20미터가 되면 사람이 제대로 서 있기도 힘들며 지붕 위의 기와가 날아갈 수도 있답니다.

여기서 초속 12미터란 1초에 12미터를 움직인다는 뜻이고, 초속 20미터는 1초에 20미터를 움직인다는 뜻이에요.

분속 ○미터(m/min)

1분 동안 몇 미터를 움직였는지를 나타내는 단위예요. 에스컬레이터가 움직이는 속도는 분속 30미터 정도예요. 1분에 30미터를 움직인다는 뜻이지요.

시속 ○킬로미터(km/h)

1시간 동안 몇 킬로미터를 움직였는지를 나타내는 단위예요. 부모님 차를 탔을 때 운전석에 있는 시속 표시를 본 적이 있나요? 자동차의 속도를 나타내는 것이에요.

 보통 시내에서는 시속 30~50킬로미터로 달리고, 고속도로에서는 시속 100킬로미터까지 달리기도 해요. 특별히 여러분이 다니는 학교 앞에서는 여러분의 안전을 위해 자동차들이 시속 30킬로미터를 넘을 수 없어요.

스쿨존에서는 시속 30킬로미터를 넘으면 안 돼! 천천히 가자.

속도 감각을 느껴요

퀴즈1 내일의 일기예보를 보고 바람이 초속 몇 미터(혹은 시속 몇 킬로미터)로 부는지 단위와 함께 써 보세요.

퀴즈2 사람이 걷는 속도는 대략 시속 몇 킬로미터일까요?

퀴즈3 차에 탔을 때 시속 몇 킬로미터로 이동하고 있는지 확인해 보세요.

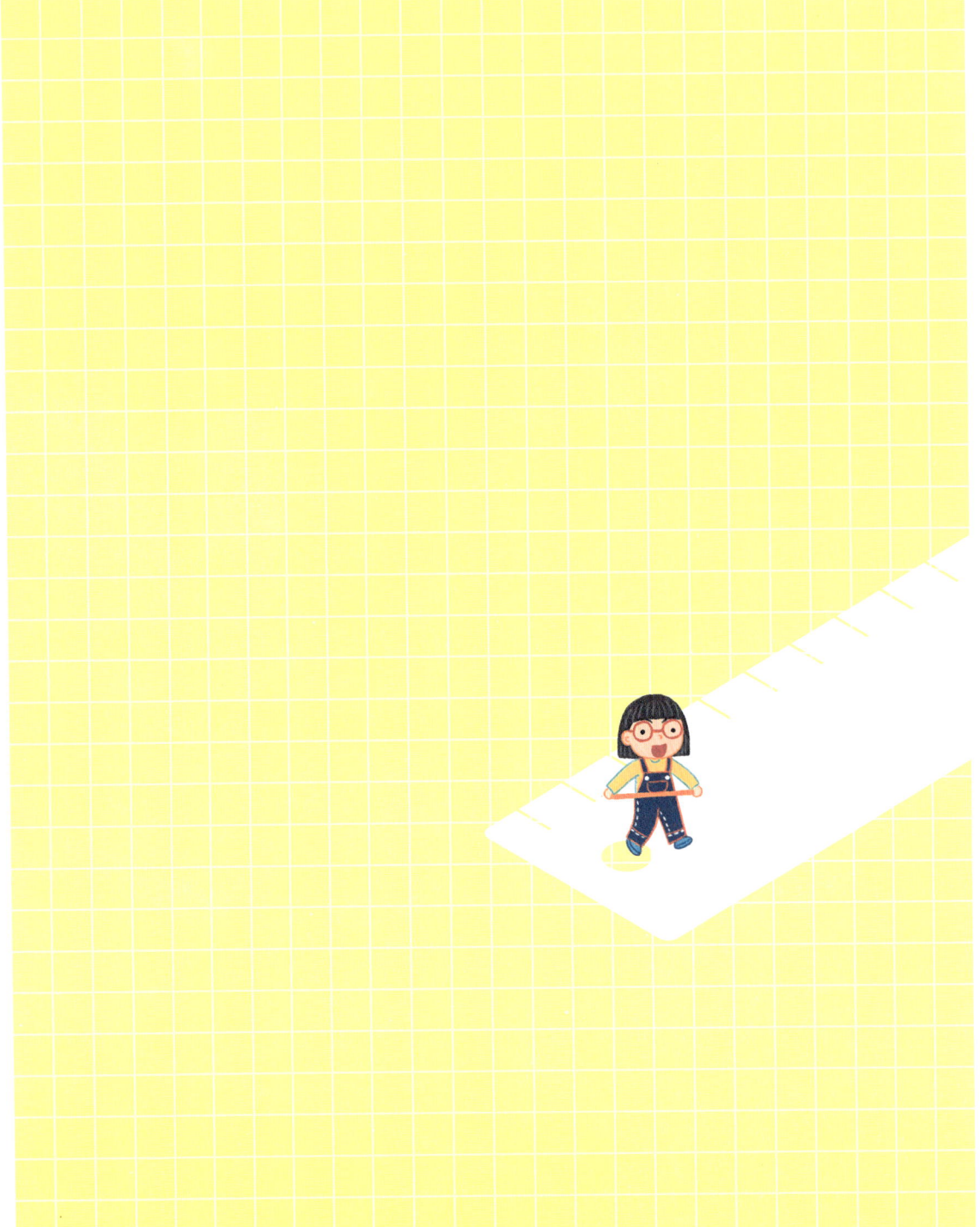

집에서 어떤 단위를 사용할까요?

보글보글 찌개가 끓는 소리가 들려요. 맛있는 냄새도 나는 것을 보니 부모님이 저녁 식사를 준비하고 있는 것 같아요. 부엌에서 요리할 때 어떤 단위를 사용할까요? 한번 살펴볼까요?

엄마는 레시피를 보면서 참치 김치찌개를 만들고 있어요. 무게와 들이의 단위를 활용해서 음식을 만들고 있네요.

<참치 김치찌개 재료>

신김치 400g, 참치캔 1캔 200g, 물 600mL, 고추장 25g, 고춧가루 10g, 청양고추 10g, 대파 썬 것 70g

"200그램짜리 참치캔 한 통이면 충분하겠어. 물은 600밀리리

터를 넣어야 하는구나. 종이컵 한 컵이 200밀리리터이니 세 컵 정도면 되겠어."

아빠는 바삭바삭한 돈까스를 만들고 있어요. 온도, 시간, 무게의 단위를 활용해서 음식을 만들고 있네요.

"돈까스를 만들 때는 기름 온도를 180℃로 맞추어야 가장 맛있게 튀겨지는구나."

아빠도 레시피를 꼼꼼히 살폈어요.

"기름에 넣고 3~4분 정도 튀겨 주어야겠어. 타이머로 시간을 맞춰 놓아야겠다."

튀김기의 타이머를 설정한 뒤에도 아빠는 바쁘게 움직였어요.

"돈까스 소스를 만들어야 하는데, 설탕은 5그램 정도 필요하구나. 1작은술만큼 설탕을 넣어야겠어."

이번에는 거실로 가 볼게요. 정은이는 거실에서 텔레비전을 보고 있어요. 그런데 리모컨이 잘 작동하지 않네요. 리모컨 건전지를 바꿀 때가 되었나 봐요. 전기의 단위 중 전압을 나타내는 단위인 볼트(V)를 사용하여 이야기하고 있어요.

"1.5볼트짜리 AAA건전지가 어디에 있지?"

가정에서는 전압이 1.5볼트인 건전지를 주로 사용해요. AAA건전지는 건전지의 크기를 뜻해요. AAA건전지보다 조금 더 큰 것이 AA건전지이지요.

정은이는 시계를 보더니 침실로 자리를 옮겼어요. 밖이 깜깜한 것을 보니 잘 시간이 되었네요. 정은이는 시간의 단위를 활용해서 이야기를 하고 있어요.

"벌써 오후 9시 40분이네. 잘 시간이 되었잖아. 내일은 오전 8시에 일어나야 하는데, 알람을 맞춰 둘까?"

알람까지 맞추고 잠자리에 들려다 정은이는 한 가지 빼먹은 게 생각났어요.

"아차!"

정은이는 잠들기 전에 오늘의 키를 재고 있어요. 지난 달보다 약 1센티미터 자라서 지금 키는 124센티미터가 되었어요. 줄넘기를 열심히 했더니 키가 쑥쑥 컸네요. 정은이는 오늘도 행복한 마음으로 잠이 들어요.

"우아, 124센티미터다! 지난 달에는 1미터 23센티미터였으니까 1센티미터나 자랐구나!"

학교에서 어떤 단위를 사용할까요?

"딩동댕동!"

수업종이 울렸어요. 이번 시간은 체육 시간이에요. 오늘은 공 멀리 던지기 연습을 하는 날이에요. 공 던지기 활동을 하기 전에 선생님은 각도의 단위를 활용해서 준비 운동을 지도하고 있어요.

"손목 발목을 360도 돌리면서 몸을 풀어 보세요. 한 바퀴 돌리면 되겠죠?"

준비 운동으로 몸을 다 풀어 준 후 공 던지기 연습을 시작했어요. 선생님이 공을 멀리 던질 수 있는 방법을 다시 각도의 단위를 활용해서 알려 주네요.

"공을 던질 때 약 43도 각도로 던져야 멀리 던질 수 있어요."

공 던지기 연습이 끝나고 난 뒤에는 100미터 달리기 연습을

시작했어요. 선생님은 속도, 시간, 길이의 단위를 사용하여 달리기에 대하여 설명을 했어요.

"단거리 달리기를 잘하는 우사인 볼트라는 선수는 100미터를 약 9초 만에 달렸단다. 약 시속 35킬로미터에 달하는 속도이지. 정말 대단하지 않니?"

정은이는 시속 35킬로미터라는 이야기에 깜짝 놀랐어요. 그리고 다음과 같이 생각했어요.

'대단하다. 학교 앞에서 자동차들도 시속 30킬로미터를 넘으면 안 된다고 했는데…… 시속 30킬로미터가 넘는 속도라니 정말 자동차처럼 빠르겠는걸?'

체육 시간이 끝나고 수학 시간이 되었어요. 오늘은 시계를 보는 법에 대해 배우는 날이에요. 정은이는 모형 시계를 만지면서 시간의 단위를 배우고 있어요.

"9시 50분은 10시 10분 전이라고 할 수 있구나!"

그러고는 자기의 손목시계를 보고 말했어요.

"지금은 11시 40분이네. 11시 50분에 수업이 끝나니까 점심 시간까지 10분이 남았구나."

정은이는 남은 10분 동안 모형 시계를 이리저리 만지면서 시계와 친해지는 시간을 가졌어요.

"7시 15분은 시침이 7과 8 사이에 와야 하고, 분침은 3에 가야 하는 것이구나!"

40분 동안의 수업이 끝나고 11시 50분이 되자 기다리던 점심시간이 시작되었어요.

오늘은 맛있는 닭꼬치가 나오는 날이에요. 정은이는 급식을 먹을 생각에 벌써 입이 귀에 걸렸어요. 싱글벙글 웃으면서 급식을 받고 자리에 앉았어요.

"와, 닭꼬치가 내 한 뼘만 하다. 약 13센티미터는 되겠는걸?"

함께 나온 회오리감자는 닭꼬치의 길이와 거의 비슷했는데, 길이를 재어 보니 약간 더 길었어요.

"회오리감자는 닭꼬치보다 5밀리미터 정도 더 길구나. 눈으로 볼 때는 길이가 거의 비슷해 보였는데, 막상 자로 재어 보니 회오리감자가 조금 더 기네!"

정은이는 길이의 단위를 사용하여 닭꼬치와 회오리감자의 길이를 재어 보고는, 다시 맛있게 급식을 먹었어요. 양 볼이 빵빵해질 만큼 먹고 있는 것을 보니 정말 맛이 있나 봐요.

병원에서 어떤 단위를 사용할까요?

정은이는 건강 검진을 하러 병원에 왔어요. 병원에 도착해서 접수를 하고 조금 기다리니 '딩동' 소리와 함께 안내 방송이 흘러나왔어요.

"오정은 님, 검진실로 들어오세요."

가장 먼저 열이 나는지 검사하기 위해 귀 체온계로 체온을 측정했어요. 의사 선생님이 온도의 단위를 사용해서 측정한 체온을 말해 주었어요.

"36.7도네요. 정상입니다."

의사 선생님에게 여쭤 보니 사람의 정상 체온은 나이나 측정 부위에 따라 조금씩 다르지만 대개 35.5도에서 37.5도 사이라고 했어요. 어린아이의 경우 어른들보다 정상 체온이 1도 정도 높고, 할머니, 할아버지들은 정상 체온이 0.5도 정도 낮다고 했어요. 그리고 신기하게도 우리 몸의 어느 부위를 측정하느냐에 따라 정상 체온 범위가 달라진다고 했어요. 겨드랑이를 잴 때보다 귓속을 잴 때 정상 체온은 조금 높다고 했지요.

체온을 다 재고 나서 키와 몸무게를 측정했어요. 발판 위에 발을 올리니 길쭉한 막대가 자동으로 머리 정수리로 내려왔어요. 머리를 콩 찍고 나면 키와 몸무게의 측정값이 나와요. 길이의 단위와 무게의 단위를 사용해서 키와 몸무게를 알려 주지요.

"키는 124센티미터, 몸무게는 24킬로그램이네."

이번에는 시력 검사를 하러 갔어요. 정은이는 요즘 휴대 전화로 게임을 많이 해서 눈이 나빠졌어요. 그래서 시력 검사 결과가 어떻게 나올지 걱정하면서 발걸음을 옮겼어요. 시력 검사실에 도착하니 의사 선생님은 정은이에게 시력 검사표로부터 3미터 떨어진 곳에 서 있으라고 안내했어요. 정은이는 생각했어요.

'1미터가 약 두 걸음 정도니까 3미터는 여섯 걸음 정도겠구나! 생각보다 멀구나!'

한쪽 눈을 번갈아 가며 가리면서 시력을 측정했어요. 다행히

아직 안경을 쓸 정도로 시력이 나빠지지 않았지만 그래도 휴대 전화나 텔레비전을 볼 때 너무 가까이서 보지 않도록 조심해야 겠다고 생각했어요.

마지막으로 소변 검사를 하러 갔어요. 소변이 나오지 않으면 어떻게 하나 걱정하면서 검사실로 향했어요. 의사 선생님이 종이컵을 주면서 들이의 단위를 사용하여 설명했어요.

"소변 검사를 하기 위해서는 소변을 10밀리리터 이상을 받아 와야 해요. 종이컵 기준으로 3분의 1 이상 받아 오세요."

정은이는 화장실에 다녀온 후 소변 컵을 제출했어요.

건강 검진 결과는 우편으로 온다고 해요. 오늘이 토요일인데 일주일 뒤에 도착한다고 하니 다음 주 토요일에 도착하겠네요.

마트에서 어떤 단위를 사용할까요?

정은이는 부모님과 함께 마트에 왔어요. 오늘은 엄마가 몇 년 동안 벼르던 날이에요. 오래된 가전 제품을 바꾸기로 한 날이거든요. 정은이는 힘차게 카트를 밀며 가전 제품 코너로 향했어요.

가장 먼저 텔레비전을 사기로 했어요. 텔레비전 화면의 크기가 매우 다양했어요. 엄마는 상품 설명서를 보면서 길이의 단위를 사용하여 텔레비전 화면의 크기를 말했어요.

"이 텔레비전 화면의 크기는 65인치구나. 1인치는 엄지손가락 너비로 약 2.54센티미터니까 65인치는 약 165센티미터란다. 화면 대각선 길이 기준이지."

정은이는 깜짝 놀라며 말했어요.

"165센티미터면 엄마 키가 163센티미터니까 엄마 키보다 2센

티미터나 더 크네요!"

정은이는 40인치짜리부터 시작해서 다양한 크기의 텔레비전을 구경했어요.

다음으로 냉장고를 구경하러 갔어요. 아빠는 들이의 단위를 사용해서 냉장고의 크기를 설명해 주었어요.

"300리터, 500리터, 900리터 냉장고가 있네. 리터 단위를 사용하여 냉장고 속에 식품이 어느 정도 들어가는지 알려 주지. 인치로 크기를 나타내는 텔레비전과는 조금 다르지?"

정은이가 대답했어요.

"텔레비전 화면은 평평한 면이라 길이의 단위를 쓰지만, 냉장고는 통이기 때문에 가로, 세로, 높이를 모두 표현할 수 있는 들이의 단위를 쓰는 것이군요!"

아빠가 빙그레 웃으면서 대답했어요.

"맞아. 우리 정은이가 책을 읽더니 길이의 단위와 들이의 단위를 정확하게 이해했구나!"

공원에서 어떤 단위를 사용할까요?

하늘이 높고 선선한 바람이 부는 것을 보니 벌써 가을이 온 것이 느껴져요. 일기예보를 보니 오늘 기온은 15도예요. 재킷을 걸치고 나가면 딱 적당한 날씨지요.

"정은아, 준비 다 됐니?"

엄마가 정은이를 재촉했어요. 정은이와 엄마, 아빠는 산책을 하기 위해 공원으로 나왔어요. 정은이는 오랜만에 자전거를 타기로 했어요. 정은이가 한껏 들떠서 말했어요.

"엄마, 아빠! 자전거 타고 공원 한 바퀴 돌고 올게요."

"조심해서 타야 해."

아빠가 말했어요.

엄마는 길이의 단위를 사용해서 말했어요.

"그래, 엄마랑 아빠는 벤치에 앉아 있을게. 공원 한 바퀴면 1킬로미터 정도 타고 오겠구나."

정은이는 신나게 자전거를 타면서 공원을 한 바퀴 돌았어요. 정은이처럼 자전거를 타는 사람들도 있고, 강아지를 데리고 걷는 사람들, 음악을 들으며 뛰는 사람들도 있었어요. 사람마다 움직이는 속도가 제각각이었어요.

정은이는 책에서 읽었던 내용을 떠올렸어요.

'걷는 사람은 보통 시속 4킬로미터의 속도이고, 뛰는 사람은 시속 9킬로미터 정도라고 했었지. 자전거는 지금처럼 보통 속도로 타면 시속 20킬로미터 정도라고 했어.'

정은이는 다양한 속도로 움직이는 사람들을 보면서 속도의 단위를 떠올렸어요.

그런데 갑자기 빗방울이 조금씩 떨어지기 시작했어요. 곧바로 일기예보를 봤어요. 일기예보를 보니 강수량이 시간당 6밀리미터 정도라고 나왔어요.

정은이는 곰곰이 생각했어요.

'시간당 6밀리미터는 웅덩이에 물이 고이고 거센 빗줄기가 내리는 것을 뜻하는데……. 안 되겠다. 엄마, 아빠에게 어서 집에 가자고 해야겠다.'

정은이는 서둘러 부모님에게 달려가 일기예보를 말했어요. 그리고 아쉬운 마음을 뒤로하고 날씨 때문에 서둘러 집으로 향했지요.

시간당 강수량이란?

시간당 강수량이란 1시간 동안 내린 비의 양을 뜻해요. 보통은 밀리미터 단위로 비의 양을 표기한답니다.

종류	내용	강수량
약한 비	옷이 젖는 것은 신경 쓰지 않아도 될 정도예요. 물웅덩이가 고이지 않아요.	시간당 3mm 미만
보통 비	조금 거센 빗줄기로, 물웅덩이가 고이고 빗방울이 크게 보여요.	시간당 3~15mm
강한 비	우산이 있어도 옷이 많이 젖고, 앞을 보기 어려워요.	시간당 15~30mm
매우 강한 비	호우주의보에 가까운 수치이며, 물통으로 퍼붓는 느낌이에요.	시간당 30mm 이상

실생활에서 어떤 단위를 사용할까요?

무게나 넓이 등을 잴 때 국제 표준 단위 외에 실생활에서 쓰는 단위들이 있어요. 옛날부터 생활 속에서 쓰던 단위라 익숙해서 섞어 쓰는 것이랍니다.

근

정육점에서 고기를 살 때 부모님이 어떻게 말하는지 들어 본 적이 있나요? "몇 킬로그램 주세요."라고 하기보다는 "고기 한 근 주세요." 혹은 "고기 반 근 주세요."라고 할 거예요. '근'은 옛날에 사용하던 무게의 단위예요. 한 근은 600그램을 뜻해요. 반 근은 600그램의 절반인 300그램을 뜻하겠죠?

평

집의 크기를 설명할 때 "이 집은 32평이에요."라고 말하는 것을 들어 본 적이 있나요? '평'은 옛날에 사용하던 넓이의 단위예요. 1평은 가로 180센티미터, 세로 180센티미터의 정사각형 넓이를 가리키는 단위예요. 약 3.3제곱미터이지요. 아파트 평수 중 25평은 약 84제곱미터이고, 32평은 약 105제곱미터예요.

되와 말

"되로 주고 말로 받는다."라는 속담은 남을 조금 건드렸다가 오히려 더 크게 당한다는 뜻이에요. 여기서 '되'와 '말'은 옛날에 사용하던 부피의 단위예요. 주로 곡식이나 술과 같은 액체의 부피를 잴 때 사용했어요. 한 되는 약 1.8리터고, 한 말은 약 18리터예요. '말'은 '되'보다 10배나 더 큰 단위예요. 그래서 이 속담은 '되'로 주었는데, 10배나 되는 '말'로 되갚음을 받아서 억울할 때 사용해요.

리

"천 리 길도 한 걸음부터"라는 속담은 큰 일이라도 처음 한 걸음을 떼는 것이 중요하다는 뜻이에요. 여기서 '리'는 옛날에 사용하던 길이의 단위예요. 1리는 약 392미터예요. 1,000리는 약 400킬로미터로, 아주 먼 거리를 뜻하지요. 그래서 이 속담은 아주 먼 길이라도 한 걸음을 떼는 것이 중요한 만큼, 어떤 일이든 시작을 하는 것이 중요하다는 뜻이에요.

단위 마인드맵

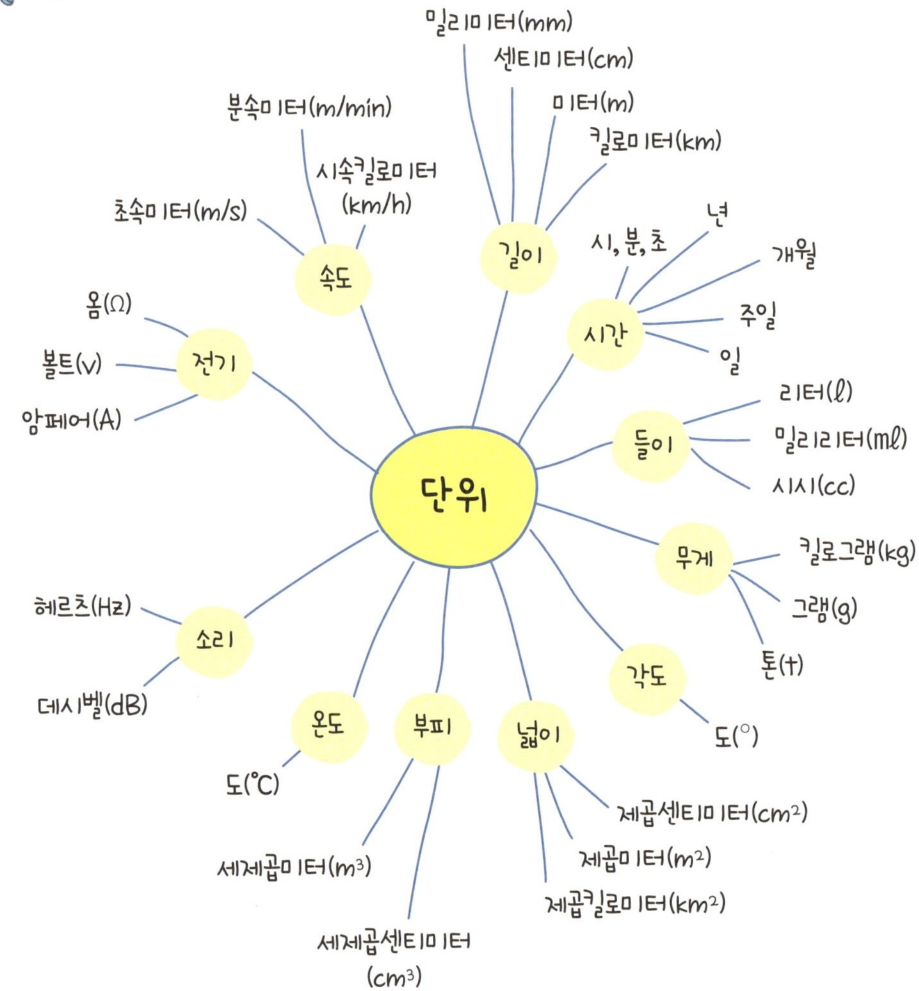

단위
- 길이: 밀리미터(mm), 센티미터(cm), 미터(m), 킬로미터(km)
- 속도: 분속미터(m/min), 시속킬로미터(km/h), 초속미터(m/s)
- 전기: 옴(Ω), 볼트(V), 암페어(A)
- 시간: 년, 개월, 주일, 일, 시, 분, 초
- 들이: 리터(ℓ), 밀리리터(mℓ), 시시(cc)
- 무게: 킬로그램(kg), 그램(g), 톤(t)
- 소리: 헤르츠(Hz), 데시벨(dB)
- 온도: 도(℃)
- 부피: 세제곱미터(m³), 세제곱센티미터(cm³)
- 넓이: 제곱센티미터(cm²), 제곱미터(m²), 제곱킬로미터(km²)
- 각도: 도(°)